JOÃO PELLEGRINO

HÉLIO PELLEGRINO,
meu pai

Rocco

Copyright texto e ilustrações de miolo © 2025
by João Pellegrino

Prefácio
JOÃO BATISTA LEMBI FERREIRA

Direitos desta edição reservados à
EDITORA ROCCO LTDA.
Rua Evaristo da Veiga, 65 – 11º andar
Passeio Corporate – Torre 1
20031-040 – Rio de Janeiro – RJ
Tel.: (21) 3525-2000 – Fax: (21) 3525-2001
rocco@rocco.com.br
www.rocco.com.br

Printed in Brazil/Impresso no Brasil

Preparação de originais
PEDRO KARP VASQUEZ

CIP-BRASIL. CATALOGAÇÃO NA PUBLICAÇÃO
SINDICATO NACIONAL DOS EDITORES DE LIVROS, RJ

P441h

    Pellegrino, João
    Hélio Pellegrino, meu pai / [texto e ilustração de miolo] João Pellegrino ; prefácio João Batista Lembi Ferreira. - 1. ed. - Rio de Janeiro : Rocco, 2025.

    ISBN 978-65-5532-517-1
    ISBN 978-65-5595-327-5 (recurso eletrônico)

    1. Pellegrino, Hélio, 1924-1988. 2. Psicanalistas - Brasil - Biografia. I. Ferreira, João Batista Lembi. II. Título.

25-96916.2   CDD: 150.195092
                       CDU: 929:159.964.2

Gabriela Faray Ferreira Lopes - Bibliotecária - CRB-7/6643

O texto deste livro obedece às normas do
Acordo Ortográfico da Língua Portuguesa.

SUMÁRIO

Prólogo — Por João Pellegrino	5
Prefácio — Por João Batista Lembi Ferreira	13
Escritório	15
Lígito	19
Família	21
Areia militar	25
Direção	29
Assunta	33
Jornada	39
Tamburutaca	43
Navegar é preciso	47
15 minutos	49
Nelson	51
Anos de chumbo	55
O verde	61
Mímica	63
Bordões	67
Tivoli	69
Árvore generosa	73
Fecho-ecler	77
Amizade	81
Lispector	87
Hélio e Maria Urbana	89
Psicanálise	91
Boliche	93
Caminhadas	95
Textos	99
Equidade	101
Política	103
Véspera	107
Réquiem	109

Para Luisa, minha esposa, Pedro e João Homero, meus filhos, João Batista e Lulu, meus irmãos, pelo afeto irrestrito que sempre me guia e inspira.

Prólogo

Hélio Pellegrino fez cem anos! A maior velhice do Rio de Janeiro! Como diria ele próprio, na sua gaiatice, caprichando no barítono, para imitar a prosódia do amigo Nelson Rodrigues...

Hélio Pellegrino era mesmo uma pessoa especial, um humanista, orador eloquente, escritor, poeta, jornalista, figura solar e psicanalista brilhante. Sabia como ninguém a grande arte de conectar ideias, buscando sempre uma síntese inusitada, um outro ponto de vista: revelador e criativo! Como ser político, buscou justiça social e melhor distribuição de renda e oportunidades. Foi fundador da Clínica Social de Psicanálise do Rio de Janeiro, com atendimento a preços populares, como sonhou e escreveu Freud. Denunciou privilégios e a presença de um torturador fazendo formação para psicanalista nos quadros da Sociedade de Psicanálise do Rio de Janeiro.

Nutria pelo povo brasileiro uma grande ternura — tinha um orgulho imenso de sua riqueza cultural miscigenada e antropofágica. Foi um dos fundadores do PT e sempre lutou contra ditaduras e opressores.

Ao ser questionado, na última entrevista que concedeu, sobre o que faria se o partido que ajudou a fundar virasse situação, não titubeou na resposta: "No dia em que o PT chegar ao poder, eu fundo um outro partido. De oposição ao PT!"

Hélio Pellegrino sabia da importância do jogo dos opostos, do diálogo verdadeiro dos contrários, na busca equilibrada pela harmonia social. Certa vez, numa carta ao proprietário do apartamento em que morava havia muitos anos e que decidiu despejá-lo sumariamente para acomodar um "chegado", concluiu em resposta ao senhorio: "... não precisamos ser amigos; mas temos a obrigação de não sermos inimigos..."

Era um mestre da intensidade, numa mescla de fúria e doçura, inquietude e paz. Foi assim que esse Pellegrino resolveu viver a paternidade plenamente e me convidou para fazer parte da vida dele, de forma muito íntima, e escutar suas ideias, sonhos e reflexões, até o último momento.

A psicanálise foi, para o meu pai, sobretudo uma tábua de salvação. Foi um instrumento que encontrou como forma de pro-curar-se num momento difícil pelo qual passou. Transformou esse conhecimento em profissão de vida, exercendo o ofício de psicanalista com muita dedicação, ética e paixão.

Hoje em dia, me dou conta claramente de que meu pai sempre me soprou psicanálise, desde a infância, como um canto que encaminha o futuro, como uma brisa suave que invade as manhãs e aponta o caminho — para que eu também soubesse pro-curar-me, na minha própria jornada.

Eu tinha apenas 22 anos, naquela madrugada do dia 23 de março de 1988. Iniciávamos o aprofundamento natural, ainda maior, de uma convivência mágica, marcada por uma identificação mútua muito clara e por muito amor. Éramos pai e filho, numa relação rica e carinhosa. Fui a última pessoa da família que esteve com ele, na véspera do encantamento, como diria Guimarães Rosa.

Papai me ligou, como fazia todo dia, religiosamente. Disse que tinha sofrido uma isquemia cardíaca e explicou, como médico, todo o processo de necrose do tecido cardíaco devido à obstrução de veias secundárias etc. Nada de tão grave, segundo o boletim cardiológico, mas foi aconselhado a ficar de molho, sob observação, por uma semana no Prontocor, em Ipanema. O lugar ficava, por coincidência, na mesma rua de um famoso e já tradicional prostíbulo carioca...

A clínica fechou as portas, provavelmente pela inabilidade de preservar vidas tão preciosas... O puteiro vizinho, por sua vez, continua lá pulsando, libidinoso e enigmático, como nossos desejos.

Fui visitá-lo no hospital levando um suco de manga, que ele curtia. Papai estava iluminado naquele último dia, barba feita, bonito. Perguntou-me sobre meus planos para o futuro e sobre meus sonhos. Quando me despedi, depois de um papo ótimo, me deu um beijo carinhoso na testa, para me iluminar. Saí de lá tranquilo e certo de que teria muitas outras conversas e descobertas com ele.

Naquela madrugada, recebi o telefonema do Otto Lara Resende — papai estava morto. Morreu com um sorriso estampado no rosto sereno...

Fiquei do lado dele e observei a morte de perto. Fui eu quem o preparou, pela primeira e última vez, para a saudade que me atravessa. Fui eu quem o vestiu, calçou as meias, pôs a cueca, fechou a camisa de manga curta para a última jornada. Muita saudade — e principalmente a falta que a partida tão precoce causou. Foi diante daquele corpo, nu e inerte, coberto apenas com um lençol, num leito de hospital, que descobri meu próprio corpo, meu próprio pênis, minhas mãos, pernas, e aprendi ali a última e definitiva lição que os pais nos ensinam...

Sou caçula temporão de uma família de sete irmãos. Quando cheguei à turma dos Pellegrino, a família já estava constituída havia muito tempo. Meu papel ali foi o de observar e aprender, atento e perplexo, sobre a natureza humana.

Conheci meu pai já maduro, mais sereno e bem mais resolvido existencialmente. Enfim, ele havia se descoberto Pai. Com ele curti lances simples e inesquecíveis: gostávamos de papos profundos, mas sempre com um viés divertido, com um bordão que surgia de improviso. Eram conversas memoráveis, cheias de significantes e significados.

Papai me levou à inauguração do badalado Tivoli Park, na Lagoa Rodrigo de Freitas, Rio de Janeiro. Fomos juntos à roda-gigante, de mãos dadas. Conversávamos e girávamos, diante daquela vista deslumbrante, tecendo momentos — daqueles que timbram memórias e colorem o pensamento para sempre.

Íamos jogar boliche na estrada das Canoas e passeávamos de carro na Floresta da Tijuca, subindo pela Dona Castorina. Ele olhava para a floresta e dizia que o verde era a cor que mais tinha variedade no mundo! Dizia que, na mata, cada folha é de um matiz de verde diferente, se você reparar bem. E assim íamos, a trinta quilômetros por hora, em contemplação absoluta, papeando, filosofando, rindo, diante da beleza do Rio, no acolhimento daquela mata que escorre das montanhas para abraçar o mar.

Papai, já separado da minha mãe, Maria Urbana, vivia com outra pessoa, a física Sarah de Castro Barbosa, que tinha uma filha um pouco mais velha que eu, e íamos sempre para a casa da mulher dele, em Arraial do Cabo. Essa era a nova família que meu pai tinha inaugurado e eu era o único filho dele que era convidado a participar. Alugávamos uma traineira na praia dos Anjos e íamos dar um rolé na praia do Forno, Prainhas, contornando um pontal do Atalaia ainda intocado. Foi lá que aprendi a mergulhar no mar, pela parte mais funda, nas águas geladas, selvagens e cheias de vida do Boqueirão.

Como bom mineiro, papai ficava meio cabreiro na água, mas acabava sempre gostando do cheiro de poesia e das reminiscências que o oceano trazia. Em terra, meu amado Pellegrino voava soberano e me encantava com sua arte exuberante da conversa, do discurso e da inteligência. Papai me ensinou, também, outra importante e definitiva arte: a grande arte da tolerância e da amizade. Hoje vejo eternizada, na praça da Liberdade, com um orgulho da porra, a estátua que homenageia os Quatro Mineiros (Fernando, Hélio, Otto e Paulo), companheiros de poesia e de vida, juntos ali, amigos para sempre.

Hélio Pellegrino tinha uma perua Variant amarela, para quem se lembra do modelo, e me levava para aprender a dirigir nas estradas desertas da Praia Grande — também em Arraial. Primeiro eu só passava as marchas, do banco do carona, e ele dirigia e pisava na embreagem, no banco do motorista. Depois, já dominando todo o processo, eu dirigia o carro pelas estradas de terra com a maior desenvoltura, sempre com ele do lado, agora como passageiro; ia constantemente me instigando, me provocando com suas ideias e sua forma única de soprar a poeira da realidade para revelar poesia.

Nós conversávamos em todos os encontros — filosofando, inventando brincadeiras, poesia, arte. Ele sempre me semeava com curiosidade. Papai era um sujeito realmente genial, divertido e único — nunca vi nada parecido, tinha muito humor, era charmoso, irônico, além de ter muita ternura, indignação e fúria criativa, tudo ao mesmo tempo.

Mais tarde ele e minha mãe reataram o casamento, e eu, já adolescente, pude acompanhar o capítulo final de um romance que havia presenciado apenas na infância. Hoje percebo que Hélio e Maria Urbana sempre estiveram conectados e sempre se amaram demais. Meses antes de morrer, meu pai começou a assediar loucamente minha mãe. Era perto do Natal e comprou um lindo presente, acompanhado de um poema irresistível, escrito a punho. A encarregada de entregar o presente foi a filha mais velha da união deles.

Hélio Pellegrino era movido por paixões, mas, depois de completo o ciclo de encantamento/desencantamento, sempre retornava ao abraço do amor de Maria Urbana. Já no final do relacionamento de 27 meses com a escritora Lya Luft, ele morreu antes que pudesse retornar ao porto seguro do amor da vida dele. No velório, só teve lugar para uma viúva: Maria Urbana. Mais uma vez o casal se reencontrou. Dessa vez, para a despedida...

Sempre que escrevia um artigo para os diversos jornais em que publicava colunas regularmente, fazia questão de me ligar, quando eu não estava na casa dele, para expor o que tinha pensado e a forma que havia encontrado para desenvolver seu pensamento. Isso acontecia a cada artigo, a cada nova sacada. Era bacana ver o respeito intelectual que ele tinha por mim, sempre pedindo a minha opinião, enquanto me incentivava a refletir e a formar minha própria consciência crítica.

Ganhei alguns livros fundamentais do meu pai, e muitas lições de vida importantes também. Adorava ficar escutando suas conversas com os amigos que recebia em casa, geralmente aos domingos. Eram rodas muito animadas, regadas a inteligência, cultura, sensibilidade, política, literatura, humor, sacanagens e algumas doses a mais de uísque e cachaça mineira.

Uma festa divertida e rica em prosa da melhor qualidade, com a fina nata da inteligência nacional daquele momento. Nunca mais vi encontros tão ricos quanto esses. Nunca mais vi um orador tão poderoso e um discurso tão profundo, lúcido e afiado quanto o do meu pai. E isso é notório para quem o conheceu ou escutou seu eco por aí.

Meu coroa já partiu há muitos anos, mas ainda me lembro muito bem do timbre da voz e da figura dele. O brilho que trazia no olhar é inesquecível, ainda hoje, no céu do meu pensamento. Não é à toa que Hélio em grego significa Sol.

Hoje, no silêncio das lembranças, escutei mais uma vez a voz de barítono dele recitando um futuro bonito para mim, enquanto sentia no rosto o vento do tempo, que vinha de um mar distante, envolvendo minha alma e a floresta Urbana do meu coração...

João Pellegrino

Prefácio

De João para João

João,
 Só consigo um bilhete em meio a emoção tamanha. "Vou escrever um livro sobre meus 22 anos com papai." "Papai" veio com a magia da brisa de outono. Quando comecei a ler os capítulos que me visitavam a tela, senti a vertigem excelsa de um relâmpago em céu azul de abril. Hélio ressuscitara e habitava entre nós.
 João, permite-me dirigir-me a ti, olhar teus olhos largos e dizer-te que nenhuma outra homenagem no centenário de nascimento de teu querido pai substituiria a tua, que lhe nasce da alma, toca os dedos e faz o coração correr de braços abertos para o encontro com o outro. E com o mundo!
 Li os capítulos com a sofreguidão dos náufragos, com a saudade dos desterrados, e compreendi de vez o que é a ressurreição da carne. Teu livro já é leitura obrigatória para quantos queiram saber quem foi o Pensador da Esperança, o Gênio que Mostrou Caminhos, Hélio Pellegrino, Coerente na Contradição. Solar por onde passou. Amigo de

todos aqueles que conheceu. Escuta asséptica para quem o buscou.

Se o vestiste após o último beijo, de novo o fazes no desenho que nos dás, como presente terno, e que ficará pendurado na parede do coração. Tens a pena e a lira do pai. Por isso escolheste ser trovador e tocar um instrumento. Como um cravo, desabrochas em escritor e poeta. Nenhum outro DNA testemunharia, tão fundamente, a "legitimidade" da singular seiva comum ao pai e ao filho. Se me é permitido citar Baudelaire, teu livro nos devolve o sonho, de todo o sempre, de um ideal possível na poesia, em que tudo é "ordem, beleza, luxo, calma e volúpia", em meio a vertigens de abismos, cascatas de gritos e colmeia de incêndios.

O que vejo, estimado João, és tu dizendo ao pai o que ele disse para teu avô, na cerimônia do adeus: "Que eu leve, mais longe, a vida que você me legou. Que eu salve você, dentro de mim; que eu esteja, em mim, bem vivo para que você — que eu continuo — fique bem vivo, livre, humano e profundo, em mim, por mim, por você, por todos. Te amo, pai."

Não tenho nenhuma delegação, porém, aceita os PARABÉNS e um OBRIGADO!

Aqui, sempre, teu João

João Batista Lembi Ferreira
Ex-seminarista formado no Colégio Caraça,
psicanalista e grande amigo de Hélio Pellegrino

Escritório

Manhã. Acordava sempre muito cedo (4h30 ele se levantava todo dia, sem despertador e independentemente da hora que tivesse dormido) e gostava de sentar-se no escritório, cercado por estantes de livros até o teto, para escrever artigos para jornal, pensamentos, poesias, *insights* psicanalíticos, divagações... Era um momento próprio. No silêncio da madrugada, que ainda dormia, ele abria as janelas do pensamento e começava o dia sismografando a manhã, com sua percepção aguçada e reveladora.

Datilografava numa máquina de escrever antiga, uma Remington — pesada, de metal, fechada num *case* de madeira, revestido de um tecido cinza com textura de lona. Sempre que acabava a página, a máquina avisava num sonoro *pim*, que ecoava longe. Usava apenas os indicadores das mãos para datilografar, mas conseguia ter um bom desempenho — conquistado por anos de prática jornalística.

Como me soava familiar aquela sonoridade — *tec-tec-tec*, *tec-tec-tec* — das teclas imprimindo na página branca; *pim* e *rec* puxando a barra para voltar ao começo da folha, na linha de baixo.

Meu quarto ficava em frente ao escritório dele, do outro lado do corredor. Tive o privilégio de acordar com o canto percussivo da Remington timbrando ideias. Despertava, *tec--tec-tec*, *pim*, *rec*, *tec-tec*, cruzava o corredor e entrava no escritório do Hélio Pellegrino.

As quatro paredes do quarto tinham estantes até o teto, lotadas de livros. Alguns livros novos já repousavam na horizontal, em cima das obras na vertical, por falta de espaço. Todos os exemplares tinham marcações com pequenos pedaços de papel que ficavam aparecendo no topo, como um relevo de montanha; e o mais interessante: existiam muitas anotações nos cantos das páginas, capa, contracapa... Onde sobrasse espaço.

Muitos trechos sublinhados, frases, parágrafos. Concordava, discordava e conectava com outras dissertações, sempre muito interessantes e afiadas. No gabinete do dr. Pellegrino descobri que era possível e necessário conversar com os livros.

Entrava em silêncio, acordando do sono. O chão era de taco, ipê-rosa, numa disposição diagonal, tapete persa, a mesa de trabalho em cima. Janela lateral, na parede oposta à entrada. A mesa era colocada à esquerda, perpendicular à parede da janela, de modo que observasse a vida sem ser notado, como um bom psicanalista faz.

Gostava de percorrer o olhar pelo título dos livros, pelas cores das capas, abrir-lhes as páginas, descobrindo anotações do meu pai penduradas nas margens, um hieróglifo muito bem escrito, com uma letra miúda legível e organizada, setas e indicações. Parecia um mapa do tesouro, com enigmas e pistas para a riqueza inimaginável do pensamento.

Como menino curioso, ficava ali, percebendo e aproveitando esse pai diferente que eu tive, que adorava escrever, tinha um vocabulário vasto e rico, e que pesquisava, lia e criava continuamente.

Lígito

A brincadeira era a seguinte: quem avistasse o marco de quilometragem primeiro, da janela do carro, dizia com uma certa impostação:

— Lígito!

Com o dedo indicador em riste, apontando para o poste dos quilômetros. Tinha uma dinâmica musical. Tempo: 1, 2, 1, 2, Lígito, pausa, Lígito, pausa, com o indicador regendo e apontando para baixo, para cima.

O percurso clássico desse desafio era a estrada Dona Castorina, no Horto, que corta a serra da Carioca, subindo até a Mesa do Imperador, e leva à Floresta da Tijuca. Nesse caminho sinuoso, a mata cobria os marcos de distância e era mais difícil localizá-los.

O jogo podia ser a dois, eu e meu pai, ou com outros amigos. Com outras crianças, era mais animado e tinha antes o "Esmagatus", que consistia basicamente em deixar o corpo mole nas curvas fechadas da subida sinuosa e espremer quem estivesse do lado no banco. Uma vez esmagando, outra vez sendo esmagado... Era um tempo em que não se usava cinto de segurança, e a criançada ficava pulando dentro do carro!

Depois de toda essa catarse energética, os ânimos se acalmavam um pouco, concentrados na disputa do Lígito. Papai repassava as regras e balançava o braço para cima e para baixo, com o dedo indicador apontando, e a entonação característica de se pronunciar:

— Lígito!

Claro que, na maioria das rodadas, não existia um consenso do vencedor e todos acabavam repetindo "Lígito, Lígito, Lígito" ao mesmo tempo! Tinha uma hora em que o papai começava a anarquizar a brincadeira dizendo também "Lígito, Lígito, Lígito" sem parar — movimentando o antebraço com o dedo em riste, como um robô bugado, em *loop*. Nessa hora a gente o atacava, mesmo dirigindo, e tentava imobilizar aquela mão robótica querendo tumultuar e ganhar a todo custo! Ainda bem que não havia muito trânsito naquela época.

Pesquisando no dicionário, não encontrei a palavra "lígito". Existe a sugestão de "lícito". Meu amigo GG, que participou muitas vezes dessa bagunça, diz que escutava "Lígido", que vira "lívido" no dicionário. Creio que Lígito deve ter vindo de algum chiste de pacientes que ele escutou e incorporou à brincadeira.

Estava ali a lição de que roubado não vale! Deveríamos lutar pelo que é justo, exclamando "Lígito!" ao superar cada marco do caminho.

Família

Eram seis filhos. A família já estava formada quando cheguei. A mais velha tinha quase vinte anos e a mais nova, quase dez. Família, mesmo hoje, tanto tempo depois, ainda é um tema difícil. Aliás, esse tema é difícil para todo mundo. De perto, nenhuma família é normal.

Num ambiente onde os afetos maternos e paternos já estavam estabelecidos e negociados na disputa aguerrida entre os irmãos, eis que surge o inesperado caçula! Hélio e Maria Urbana lutavam bravamente para alimentar o amor deles e, ao mesmo tempo, criar e manter uma penca de seis filhos, pilhados e ciumentos, que brigavam entre si o tempo todo, tornando a vida do casal uma rotina exaustiva.

O Hélio Pellegrino, nessa época, era mais irascível e ficava "puto da vida" com coisas pequenas, tipo uma toalha no chão ou algum objeto fora do lugar que não conseguisse encontrar.

Ficava possesso quando sumia o pente de osso dele, que usava para ajeitar a vasta cabeleira negra. Criava um climão, praguejava palavrões, fechava o tempo. Os irmãos decidiram, então, comprar uma caixa de pentes de osso. Quando o

Vesúvio ameaçava soltar lava pelas ventas, alguém corria lá na caixa e já voltava com o pente na mão.

Num outro momento, os irmãos mais velhos foram à casa do Otto encontrar os filhos dele, que tinham a mesma idade e eram amigos. Chegaram lá e todos tinham ganhado bicicletas novas de Natal. Os mesmos modelos que os irmãos sonhavam e haviam pedido ao pai, sem sucesso. Ao darem os parabéns aos filhos do Otto pelo pai generoso deles, ficaram sabendo que o autor dos presentes tinha sido o Hélio!

Reza a lenda que, de outra volta, ligaram para a casa do Otto.

— Dr. Otto, acode, pelo amor de Deus! Dr. Hélio está dizendo que vai tocar fogo na casa!

Havia sumido um dinheiro da carteira dele e, como o culpado não aparecia, e muito menos o dinheiro, ele ameaçou:

— Vou colocar fogo na casa se o culpado não se entregar!

Passado um tempo, tudo se acalmou, o culpado não foi descoberto... e o episódio acabou virando chacota entre os amigos. Os rompantes do dr. Hélio estavam mais para uma ópera bufa do que para outra coisa. Depois de escalar a ladeira, logo ficava sereno, recuperava o fôlego e deixava a ternura descer a serra.

Pellegrino era doce, apesar de indignado; era, no fundo, deveras humano: neurótico, com suas histerias. Como Freud, e como a grande maioria de nós.

Hoje, sou eu o pai de dois meninos e vejo quantos erros cometi. Ser pai não é tarefa fácil.

Parafraseando Camões: Navegar é preciso, ser pai não é preciso! O que acertei, acertei com o que aprendi com meu pai: dar amor; amor incondicional, generoso, que escuta e ensina, iluminando como um farol os perigos do mar.

Fui testemunha de um feito extraordinário: assisti a meu pai tornar-se um ser humano melhor. Conheci o menino brincalhão e tímido que morava dentro dele e presenciei o momento em que enfim se descobriu plenamente Pai.

O samba-enredo da família sempre esteve mais para "Caim matou Abel", do que para "Paz, Amor e Fraternidade". A disputa era forte e, de repente, surge um outro filho, inesperado, que rouba a cena e se torna o objeto do amor e da atenção do pai e da mãe!

Sempre tive um estranho sentimento de não pertencimento àquela família. Até uns sete anos, não tinha um quarto próprio e perambulava pelo mundo dos irmãos, como um estranho naquele ninho.

Brincava solitário, buscando o meu direito à infância em meio ao ruído estrondoso da adolescência complicada dos mais velhos, que sem pudor algum e de forma egoísta despejavam todo o peso das frustrações da vida naquilo que eu chamava de lar.

Nessa primeira infância, foi a descoberta do desenho que me salvou. Eu ficava horas e horas desenhando. Mas aquele desenho era vivo, era parte de uma história que ia acontecendo. O traço ia se modificando junto com a narrativa que ia criando no momento. Era um exercício de imaginar desenhando e de desenhar brincando.

Para o desespero dos irmãos, minha mãe ainda dizia que, dos filhos, eu era o que desenhava melhor. Hélio Pellegrino, sem dizer nada, no edifício Picos, no Leblon, pendurou todos os meus desenhos, devidamente enquadrados, na única parede que não era ocupada por estantes de livros.

Areia militar

Saíamos no sábado, bem cedinho, do Jardim Botânico. Abastecíamos sempre no posto Bacaxá, em frente ao Hospital da Lagoa. Existiam dois postos de gasolina. Um ao lado do outro, separados por uma rua. Um posto grande numa esquina, com a bandeira da Shell, várias bombas, tudo americanizado, moderno. Na outra esquina, existia o modesto posto Bacaxá, da Petrobrás, com apenas duas bombas de abastecimento.

Mesmo que o posto Bacaxá estivesse lotado e o posto ianque vazio, papai esperava e só enchia o tanque no Bacaxá. E nessa onda falava com os frentistas, brincava e, de volta ao carro, cantava o bordão:

— Betnovate Bacaxá cachorro, Bacaxá cachorro, Bacaxá cachorro.

E repetia do começo. Nesse clima, cantando "Betnovate Bacaxá cachorro", a gente partia feliz. Betnovate era uma loção capilar que ele usava no couro cabeludo, mas essa é outra história.

Tinha uma Variant amarela, uma das primeiras peruas da Volkswagen. Todo ano refazia a lataria, por causa da ferrugem, e repintava. Não existia tecnologia capaz de deter os efeitos da maresia carioca naquela época. Lutava sempre, na verdade, contra os ímpetos do consumismo. Se o carro nos levasse e trouxesse com segurança pelas estradas afora estava tudo certo. Para que comprar outro?!

Cruzávamos o túnel Rebouças e ficávamos impressionados com aquela obra de engenharia incrível, que cavou, no granito duro, uma passagem. Seguíamos pela ponte Rio-Niterói com aquele visual maravilhoso; íamos nos divertindo e aproveitando cada minuto daqueles dias azuis.

O caminho seguia pela estrada antiga para a Região dos Lagos. Em São Gonçalo, sempre tinha um trânsito mais lento, e a molecada aproveitava a situação para oferecer a tradicional mariola da região, vendida na janela dos carros. Vinham acondicionadas em um bloco de cinquenta, embaladas uma a uma em papel celofane. Quando se abria aquela barrinha retangular, tinha uma camada de açúcar de confeiteiro polvilhada por cima — devorávamos várias mariolas, deixando o chão da Variant cheio de papéis celofane amassados. Logo subíamos a serra. **Depois, lembro-me dos laranjais lotados de frutos ou cobertos de flores brancas.**

Chegávamos ao mar pelas lagoas hipersalinas e rasas da região e logo cruzávamos por São Pedro da Aldeia — onde existe até hoje uma base naval da Marinha. Nesse trecho a estrada fica colada na praia e existem vários quebra-molas e placas para reduzir a velocidade, avisando: Área Militar! Área Militar!

Ainda na fase de alfabetização e tentando ler tudo o que estava ao redor, fiquei tão intrigado que tive que perguntar ao meu pai:

— Pai, o que é Areia Militar?

Estávamos vivendo no Brasil, os anos mais pesados da ditadura. Ele sorriu e me disse:

— Essa areia é complicada, João, e muito perigosa. Se você cair nela, não tem papo, não tem verso e não tem prosa.

Direção

Claro que meu pai me ensinou muitas direções. Mas talvez dirigir o carro tenha sido uma das mais profundas e divertidas. Naquele estúdio fechado, em movimento, cápsula do tempo, nós dois tecemos conversas memoráveis enquanto eu automatizava reflexos e comandos para dominar o automóvel.

Num primeiro momento, ele me convidou para ser copiloto. Ele ia dirigindo, pisava na embreagem e eu passava as marchas. Ponto morto — parado. Primeira — marcha forte, serve para começar o movimento. Segunda — prepara para a aceleração. Terceira — marcha intermediária, de média para alta rotação. A quarta é para manter a velocidade estável, em alta rotação. Marcha à ré — muitas vezes é necessário retroceder para enxergar o caminho à frente. Não existia quinta marcha nem câmbio automático naquela época.

No começo, papai falava qual a marcha a ser engatada e eu executava a troca. Aprendi também a reduzir a velocidade e a perceber a importância do freio motor na frenagem. Adorava reduzir de quarta para terceira, retomar a velocidade e voltar para a quarta. Ou então calcular a parada suave num sinal vermelho que se anunciava lá na frente, trocando as marchas: 4, 3, 2, freio e ponto morto. Era também o encarregado de puxar o freio de mão quando parava o carro.

Depois de um tempo, ele apenas pisava na embreagem e eu já sabia qual marcha colocar automaticamente, sem pensar, enquanto falávamos sobre outros assuntos. Foi aí que aprendi sobre os reflexos condicionados e quanto podemos alcançar se nosso cérebro, nossos reflexos e nossas emoções puderem se desenvolver livres, revelando todo o potencial criativo e maravilhoso que existe dentro de nós.

A matemática, a música, a poesia, o rap, toda a literatura, a pintura, a escultura, a loucura, a cultura, a psicanálise, o cinema são apenas os picos de imensas montanhas submersas. **Somos ilhas de consciência, cercadas de inconsciente por todos os lados.**

Finalmente chegou o grande dia! Já estava crescido o suficiente para alcançar os pedais e enxergar através do para-brisa. O local escolhido para a grande estreia foi o aterro sanitário da Praia Grande, em Arraial do Cabo. Arraial era uma vila de pescadores crescendo de forma rápida e desordenada. A prefeitura do município resolveu então colocar todo o rejeito que a cidade regurgitava num imenso aterro sanitário, ao lado de uma das praias mais bonitas da região. Assim nasceu o lixão da Praia Grande.

A chegada a esse lugar era chocante; diria mesmo simbólica. Do lado esquerdo da estrada de terra, seguia uma praia linda e infinita. No lado direito, a gente via surgir de repente pirâmides de lixo, organizadas em quarteirões retangulares, com estradas de acesso para o manejo dos detritos. Foi nesses caminhos, naquele cenário dantesco de vida e de morte, onde os urubus voavam tranquilos, que enfrentei o primeiro grande desafio da direção: a embreagem e o acelerador.

Papai dizia que tudo dependia do controle dos reflexos. Soltar a embreagem, pisando no acelerador; e que **isso fazia parte de um outro tipo de aprendizado. O de perceber as coisas pela experiência própria.** Era necessário entender o equilíbrio de forças para fazer suave a partida. Tinha compreendido ali como funcionava a sintonia fina. Sim, somos capazes de automatizar reflexos e executar funções sem pensar, com precisão e velocidade de resposta incríveis.

Aprendi, entre a troca de marchas, que podemos realizar feitos mágicos, mas também podemos ser violentos, odiosos e acabar com a vida apertando um botão. Lado a lado nesse mundo, a gente vê beleza e podridão, como alguém já cantou em algum refrão perdido numa noite embriagada.

Pouco tempo depois, já estava dominando o circuito lixão com destreza e segurança. Fui promovido então a dirigir pelas ruazinhas lúdicas e calmas da vila; por outras praias, outros recantos, sempre colecionando memórias pelo caminho.

Havia me tornado um "ás no volante"! Papai gostava de cacanear e soltava o bordão a plenos pulmões:

— Mas é um asno volante!

E a gente ria enquanto o tempo passava pelas janelas do carro. Já podia, a partir daquele momento, levar meu pai para passear de Variant amarela.

Assunta

Assunta era o nome da mãe do Hélio Pellegrino. Assunta Magaldi Pellegrino, minha avó paterna. Assunta morava na rua Espírito Santo, na região central de Belo Horizonte. As ruas naquela região têm o nome dos estados brasileiros: rua da Bahia, Rio de Janeiro, São Paulo e por aí vai. BH foi uma cidade planejada, apesar do caos de hoje em dia. O local é montanhoso e as ruas vão descendo em zigue-zague, morro abaixo.

O apartamento da Nonna era no térreo, mas ficava abaixo do nível da rua — era o SUB 101. Esse número estranho sempre me intrigava. Na época era menino, adorava assistir a *Viagem ao fundo do mar*, um seriado norte-americano sobre as aventuras de um submarino nuclear, sempre "atento e vigilante", contra-atacando as "ameaças" à humanidade! Desde alienígenas e lobisomem a intrigas internacionais e guerra fria, valia tudo para embalar a aventura.

Mas o importante é que, sem entender o que significava SUB, sempre me sentia entrando num submergível. Da rua, nós descíamos uma escada, e a portaria era lá embaixo. Daí, mais um lance de degraus para o submarino da vovó.

A Nonna quando me via fazia a maior festa! Vinha, abria um sorriso e me abraçava. E depois a gente se sentava no sofá para conversar, em frente a uma cristaleira cheia de pecinhas, bonequinhos de marfim, cristais, lembranças de uma Itália que ficou para trás. Exilados pelo fascismo, que levou o país à guerra, conseguiram fugir a tempo para o Brasil.

Sentados no sofá-ninho, ela perguntava sobre minha mãe — como estava, queria saber notícias atualizadas, dizia que adorava a Maria Urbana, sentia saudades. Mesmo depois de o casal Hélio e Maria Urbana estar separado, ela sempre perguntava como estava minha mãe e nunca deu nenhuma bola para as paixões fugazes que passaram pela vida do filho. Acho que ela sentia que, na verdade, Hélio amava Maria Urbana. E Maria Urbana amava Hélio.

Minha avó era católica do ramo mais conservador da Igreja. Ia à missa, religiosamente, todos os dias da semana, com a Beta — que trabalhava na casa, morava com ela e, sempre cuidando, tornou-se amiga.

As duas brigavam! Dona Assunta xingava a Beta de *pazza*, Beta rebatia dizendo que Dona Assunta estava ficando lelé da cabeça! Mas o fato é que as duas estavam envelhecendo juntas e eram uma a companhia da outra. Lembro-me de ir caminhando com elas — Assunta e Beta, sua fiel escudeira — à igreja que ficava morro abaixo, quase na avenida Afonso Penna.

Nessa altura, já viúva e tendo perdido o filho mais velho, só se vestia de preto, num luto eterno. Nonna era uma legítima carpideira italiana. Tinha sempre aquele momento em que ela pegava minha mão e me perguntava com a voz embargada: "Giovanni, per que no me liga mais, esqueceu da Nonna?" Eu dizia que não, que nunca me esqueceria da minha Nonna querida, e dava um beijo nela, com um abraço caprichado!

Ela nunca perdeu o forte sotaque italiano e misturava a língua materna com o português. Jamais se entregou totalmente às intimidades linguísticas e à malemolência do jeito de falar do brasileiro. Depois do momento carpideira e do abraço apertado, ela recuperava a emoção e oferecia, já alegre, o famoso "doce preto".

Era um creme gelado de chocolate que eu amava. Comíamos vários potinhos, eu e o papai. Era uma receita italiana dela, que fazia sucesso. Parecia (só que melhor) um Danette, da Danone, dos dias de hoje, ou talvez dos dias de ontem. De qualquer forma, muito bom!

Era bacana saber que, sempre que ia lá, papai avisava e ela já fazia o doce preto para os seus dois meninos. Além da pasta ao sugo, tinha outra receita que eu sempre pedia: "ovos italianos." Vovó tinha uma frigideira pequenina para fazer ovo estrelado; colocava um pouco de leite, manteiga, uma pitada de sal e dois ovos, em fogo baixo. No topo, jogava muçarela, queijo minas, parmesão por cima de tudo e deixava. O queijo ia derretendo, o ovo ia cozinhando no leite. Depois de pronto, ela tirava do fogo e colocava a frigideira quentíssima em cima de uma tábua. Cortava umas fatias de pão italiano e estava preparada uma refeição que eu e meu pai comíamos em silêncio de tão saborosa.

A Nonna geralmente não comia junto com a gente. A satisfação dela era nos ver comendo e repetindo o prato. Sempre insistia para pegarmos mais um pouquinho. E a gente atendia, com prazer! Minha Nonna passou por momentos de escassez e incerteza na transição para o Brasil. Para ela, era importante alimentar a prole com abundância.

A sala tinha uma porta de correr de vidro, que dava para um pátio interno de cimento, que contornava a lateral e os fundos do prédio. No fim desse quintal de concreto, existia um espaço fechado, com brinquedos, livros — era um pequeno escritório com acesso pelo pátio externo. Era lá que ficava estacionado o velho carro vermelho conversível de lata, com banco do motorista, volante, rodinha com pneus de borracha e movido a pedalada.

O carro tinha sido primeiro do meu tio, depois do meu pai, dos seis filhos do meu pai, dos filhos do meu tio, e agora era meu! Dirigia fazendo manobras incríveis, pedalando a toda a velocidade, cheio de disposição e imaginando estar participando de uma corrida do *Speed Racer*, um desenho japonês que pertencia a minha lista dos favoritos!

Nessa hora, entrava no meu mundo, completamente absorto numa brincadeira que acontecia na imaginação. Não existia passagem do tempo e tudo parecia ser eternamente presente.

Era nesse momento que meu pai também se sentava com a Mamma dele no sofá e ficavam batendo o papo deles. Conversas de mãe e filho. Tomando um cafezinho feito naquela clássica cafeteira italiana toda fechada, de alumínio, e comendo um pão de queijo ítalo-mineiro recém-saído do forno.

Era engraçado ver o jeito que minha vó olhava para o meu pai. Os olhos brilhavam, sempre com muito orgulho, emoção e com uma saudade daquelas — que nunca se acalma.

Ela segurava a mão dele e com a outra mão acariciava o rosto da cria. **Os dois ficavam em silêncio, se olhando como se enxergassem o fundo do oceano das janelas do submarino.**

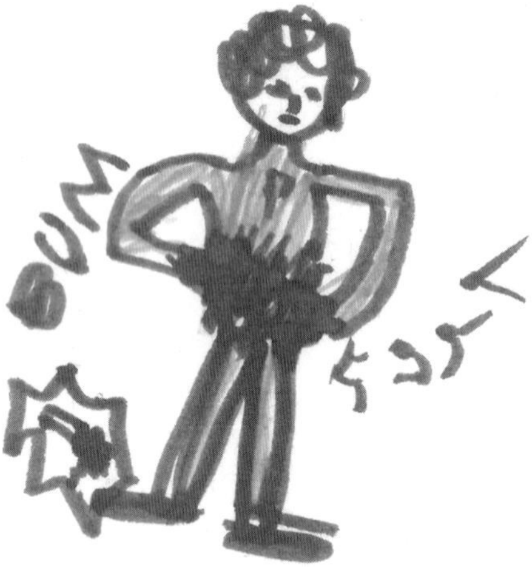
BUM

Jornada

Meus pais não me explicaram assim, muito bem, o que estava acontecendo. Devia ter uns sete anos. Mas, de repente, papai foi morar no Ed. Picos! Eu gostava de fantasiar com o nome das coisas. Quem teria sido Ed. Picos? O que seria Ed. Picos? Um montanhista, um aventureiro, alguém importante?! Ainda não sabia ler Ed. como abreviação de edifício e lia Ed Picos como um nome intrigante de algum personagem exótico.

Rua General Venâncio Flores, 389, no Leblon, está lá até hoje. Um prédio equilibrado em pilotis, revestido de pastilhas azul-turquesa. Portaria simples, à esquerda, elevador de porta pantográfica, segundo andar. Apartamento pequeno, sala, cozinha, dois quartos nos fundos, estantes lotadas de livros cobriam todos os espaços disponíveis nas paredes. Na sala, existia uma clareira para as obras de arte dele e para os meus desenhos, em papel A4, emoldurados e com vidro, que papai pendurou lado a lado.

Pela primeira vez na vida, dr. Hélio tinha mostrado interesse em comparecer às reuniões de pais no colégio de um filho. Ficou fascinado com o tanto de arte que as crianças produzem espontaneamente! Adorou meus desenhos, xilogravuras, figuras de argila, histórias que criava e ilustrava. Ficou encantado ao conhecer tudo aquilo e fez questão de me mostrar como tinha gostado, dando um destaque carinhoso para a minha arte no novo espaço dele.

Algumas vezes ia dormir na casa do meu pai e, na manhã seguinte, minha mãe estava lá — como que materializada durante o sono. Lembro-me dela com os cabelos ligeiramente soltos, vestida com uma camisa social do papai, com as mangas dobradas. Eram manhãs tranquilas. Adorava sentir o cheiro do mar por perto e a paz daquele *petit comité*.

Íamos a pé tomar café da manhã na padaria e, mais tarde, almoçar no restaurante chinês do Leblon, um dos primeiros do Rio. Rolinhos primavera crocantes, arroz colorido com frango, legumes e amendoim; de sobremesa maçã, banana ou abacaxi caramelizados. Esse sabor novo do oriente era delicioso e inesquecível!

Numa dessas dormidas no Leblon, acordei mais tarde e meu pai já tinha saído para caminhar na praia bem cedo, como fazia todas as manhãs. Estava sozinho naquele dia. Quando me levantei, procurei pelos jornais e vi que não haviam chegado ainda.

Resolvi abrir a porta para ver se estavam no corredor. Adorava folhear os cadernos, via as charges, os quadrinhos. Naquele momento, uma corrente de ar traiçoeira fechou repentinamente a porta da casa, e a maçaneta não girava por fora!

Estava de pijama com manga curta, calça curta e estampa de bichinhos, descalço e preso do lado de fora. Para completar o cenário, o corredor estava sem luz. Esperei algum tempo e nada, nada de o meu pai voltar...

Aquele momento ali, parado, parecia eterno! De repente tomei a decisão que me pareceu acertada: voltar para casa a pé naquele mesmo instante. Nunca tinha voltado andando antes com meus pais, mas prestava atenção ao trajeto quando vinha de carro. Sabia a direção e decidi não esperar mais pelo retorno do meu pai.

Desci o elevador, abri a porta de vidro da portaria e ganhei a rua! Peguei a rua Venâncio Flores à esquerda, cheguei à rua do canal, Visconde de Albuquerque, segui até o Jockey Club, praça Santos Dumont, Jardim Botânico, reto, até chegar em casa, quase no Parque Lage.

Seguia caminhando a passos firmes e sabendo claramente aonde ir. Notava o olhar de espanto das pessoas ao verem uma criança de pijama, caminhando tão compenetrada e segura. Passei num momento por um morador de rua que me assustou. Saí correndo!

Finalmente entrava na rua Nascimento Bittencourt, 85. Estava de volta ao lar! Minha mãe estava preocupada, meu pai apareceu de carro um pouco depois, esbaforido. Quando tudo se acalmou, contei para eles minha aventura de volta para casa e, passado o susto, tudo foi explicado e virou história com final feliz.

Tamburutaca

Certa vez eu e papai estávamos na praia dos Anjos. Ficávamos numa casa de frente à praia, num tempo em que o local era ainda uma colônia de pesca. Os pescadores atracavam as traineiras no lado esquerdo da enseada. Toda tarde, eles puxavam uma rede de arrasto até a areia. Muita gente chegava para ajudar a puxar a rede. Vinha muita coisa, além dos peixes. Caranguejos, aranhas marinhas, polvos e todo tipo de seres estranhos. O que não fosse peixe de bom tamanho era devolvido ao mar, e a gente ajudava nisso. Era um alvoroço quando a rede vinha subindo, gorda de vida, a água ia escorrendo e começava a batalha daqueles seres marinhos pela sobrevivência, debatendo-se desesperadamente para voltar para a água. Tentava ajudar o máximo de criaturas que podia.

Gostava também de pescar de dentro dos barcos que ficavam fundeados, próximos à beira. Levava linha, anzol, uma chumbada e isca dentro de uma caixa de isopor e ia nadando até os barcos. Geralmente, pegava cocorocas, baiacus que inflavam como um balão quando fisgados, sargentos e linguados. Sempre soltava os peixes.

Mas, num belo dia, fisguei algo diferente. A linha parecia presa no fundo. Coloquei uma pressão e sentia uma pressão de volta. Depois de um certo combate, consegui puxar aquele bicho estranho! Parecia uma lagosta, mas tinha garras parecidas com as do louva-a-deus. Garras retráteis, com pontas agudas e afiadas. Coloquei o bicho dentro do isopor e fui mostrar para meu pai.

Perto de onde ficávamos, tinha uma praça com um aquário público, onde eram desenvolvidas pesquisas também. Fomos lá saber o que era aquilo. "Tamburutaca", nos disse o biólogo de plantão. Era um crustáceo raro e primitivo. Vivia enterrado num buraco que cavava, no fundo do banco de areia. Quando um peixe passava por cima, ele usava suas garras retráteis para capturar a presa, com precisão de ataque e rapidez.

Achamos que o melhor a fazer, em nome da ciência marinha, seria doar a tamburutaca rara ao aquário. O novo residente ilustre ganhou um espaço exclusivo e ficava exposto ao público através de um dos lados do tanque, que era de vidro e dava para a face externa do aquário. A gente entrava para a parte interna por uma porta lateral e, como ficamos conhecidos por levar a tamburutaca, tínhamos acesso sem problemas para visitar nosso amigo marinho.

Logo percebi que deveria mesmo era ter deixado aquele bicho do período Cambriano no mar. Fiquei triste com a ideia de ter tirado a tamburutaca do seu buraco, da sua toca, da sua casa, do seu sossego e privacidade. Aquilo não saía da minha cabeça! Fui conversar com meu pai e ele entendeu minha angústia. Ninguém deveria ser preso, enjaulado, exposto, exilado do mar... nem mesmo em nome da ciência!

Naquele dia, fomos visitar a criatura no fim da tarde. Entramos lá por trás. Na saída, deixamos a porta lateral destrancada. Pronto, o plano já estava engatilhado! Quando deram oito da noite, tudo tranquilo na praça, eu e papai entramos no aquário armados com um puçá. Fomos à jaula aquática da tamburutaca e resgatamos o prisioneiro sem a menor dificuldade. Parecia que o bicho já sabia que seria solto e não lutou.

Saímos sorrateiramente e fomos direto para a praia, que era em frente. A lua cheia iluminava a noite. Foi só colocar o puçá aberto na água que aquela maravilhosa tamburutaca voltou lentamente, em marcha à ré, para o silêncio do mar.

Fiquei aliviado. Papai me deu um beijo e fomos tomar um sorvete juntos para celebrar a decisão certa pela liberdade.

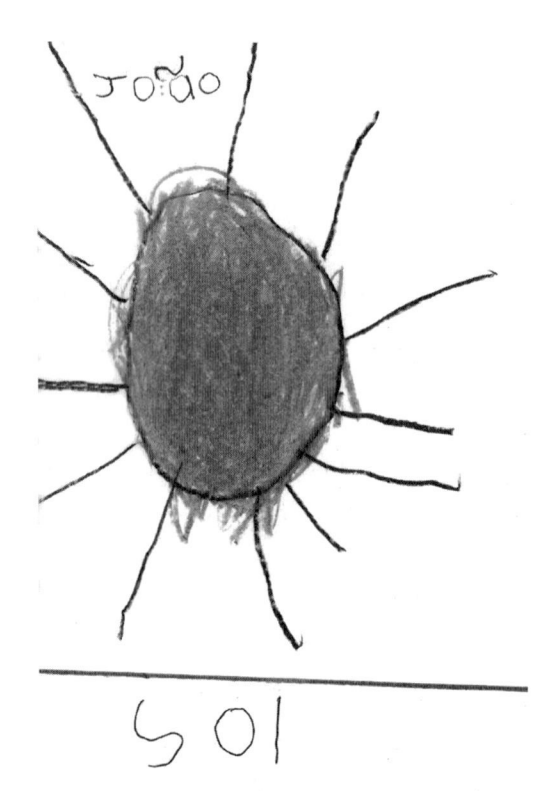

JOÃO

SOL

Navegar é preciso

Trânsito parado na ponte Rio-Niterói. Volta para o Rio depois do feriado. Fim da tarde, as cores do céu anunciavam o pôr do sol. Na Variant amarela, eu e meu pai. Lá embaixo os navios seguiam suas rotas tranquilamente, no mar imenso. Uma frase não me saía da cabeça: "Navegar é preciso, viver não é preciso." Tinha conhecido a frase no poema homônimo de Fernando Pessoa e na canção do Caetano; aqui e ali, estava sempre presente.

Tinha descoberto que o dito era atribuído ao general romano Pompeu, do século I. Ele estava no comando de uma frota que transportava trigo para Roma quando uma grande tempestade surgiu. A tripulação, amedrontada, quis voltar ao porto. Pompeu, para elevar o moral da tropa, deu o comando: "Navegar é preciso, viver não é preciso!" Do general, a frase percorreu séculos e chegou ao poeta Pessoa. Essa trajetória me desafiava. Da boca de um para a boca de outro, o mote continuava valendo.

— Pai, o que significa para você essa frase: "Navegar é preciso, viver não é preciso?"

Ele me disse, enquanto engatava a primeira marcha para andar alguns metros naquele tráfego parado, que só permanece na cabeça aquilo que nos provoca, conseguindo o efeito de sugerir múltiplos significados e interpretações, sem explicar nada de forma definitiva.

Para ele, o que acontecia nessa frase era o jogo interessante de significados em torno do significante preciso, como verbo e como adjetivo.

A navegação primitiva, mesmo nas noites mais escuras, podia contar com a orientação das estrelas e com as primeiras bússolas imantadas, que apontavam para o norte. Na vida não temos nenhum instrumento que nos aponte o rumo certo... viver não é preciso. Nessa imensa aventura de nos descobrirmos, não contamos com nada além de nós mesmos.

Para o poeta, viver não é necessário, o que é necessário é criar. **O mais importante é navegar pelos mares do inconsciente, sem medo de descobrir.** Para o general, a meta é enfrentar o oceano em fúria, não recuar, cumprir a missão a todo custo, para entregar o trigo necessário a Roma.

15 minutos

Foi bonito o jeito que a coisa aconteceu com meu pai. Descobrir-se pai de repente foi um novo aprendizado para ele. Depois de encerrada a escadinha frenética de seis filhos, nasce aquele cordeirinho puro. Lindo, como são lindos todos os bebês, vivendo em plena onipotência da fragilidade. Querendo apenas o prazer de existir.

No meio daquele inesperado todo, no raiar de uma nova geração, surgiu aquele que meu pai e Maria Urbana nomearam João.

Meu pai soube na escola que eu escrevera uma bonita redação que pregava a paz no mundo e terminava com uma celebração. Foi então que Hélio, orgulhoso do seu menino, mostrou o escrito para o amigo de infância Fernando Sabino.

O amigo adorou! E, no texto do dia seguinte que publicou no jornal, fez uma crônica carinhosa contando essa história, com a minha frase no final: "E todos deveriam dar as mãos ao redor do mundo, formando uma grande ciranda."

No outro dia, vivi na escola meus quinze minutos de glória. Tinha sido citado pelo escritor consagrado — Fernando

Sabino! Os professores adoraram e vieram me cumprimentar. Até Dona Leda, diretora do Souza Leão, veio me dar um abraço de felicitação.

Nelson

Final dos anos 1960. Na casa dos meus pais, existia um único telefone. Ficava na sala de entrada dos fundos, em frente à escada de madeira que levava aos quartos, no segundo andar, e ao sótão. O aparelho era pesado, preto, com um disco redondo numerado para fazer as ligações. Ficava no alto de uma mesinha, como se fosse uma entidade a ser cultuada. Logo ao lado, na parede, minha mãe colou um recado que dizia: "Caso o humor não esteja legal, não atenda o telefone!"

Eu adorava atender o telefone, mas realmente a parte chata era localizar a pessoa que estava sendo procurada. Na primeira tentativa, tapava com a mão o bocal do aparelho e tentava chamar no grito:

— Pai, telefone para você!
— Quem é?
— É o Otto!
— Quem?

E eu respondia soletrando:

— É o O-T-T-O!!!

O Otto brincava e dizia que eu sabia o nome dele com perfeição. Sempre muito carinhoso e brincalhão, me chamava de Joãozinho, assim como o Fernando, quando ligava. Caso o grito não fosse suficiente, tinha que subir a escada e tentar achar a pessoa pela casa.

Mas tinha um amigo do papai, muito presente e querido também, que era uma figura ímpar. Tinha um jeito de falar impostado e uma postura um tanto formal. Fazia um personagem, mas tinha uma ironia. Era quase um escárnio da sisudez e de si mesmo, naquela figura que se vestia sempre de terno, camisa branca e gravata.

Dizia ao telefone, em tom solene:

— Alô, aqui é o Nelson Rodrigues. Gostaria de falar, por obséquio, com Hélio Pellegrino!

O Nelson ia almoçar com meu pai na casa do Jardim Botânico praticamente todos os dias. Os dois se adoravam, havia uma admiração intelectual recíproca; se escutavam, discordavam completamente e se sacaneavam muito.

O Nelson era de direita, amigo dos generais, apoiou o golpe militar, e o papai era um sujeito totalmente de esquerda, contra a ditadura. Isso nunca foi problema entre eles, muito pelo contrário. As diferenças ideológicas só enriqueciam as provocações intermináveis e divertidas que levavam os dois a rir, no final das contas.

Acabado o almoço, eu e meu pai íamos levar o Nelson para pegar a condução na rua Jardim Botânico. Do lado esquerdo, segurava a mão do Hélio, do lado direito, segurava a mão do Nelson, e descíamos a rua Nascimento Bittencourt enquanto eu fazia balancinho, pendurado como um elo nas mãos dos dois.

Com a prisão do meu pai e, um tempo depois, do próprio filho, Nelsinho, envolvido diretamente com a luta armada, Nelson Rodrigues aprendeu da pior maneira que, na ditadura, não se podia brincar.

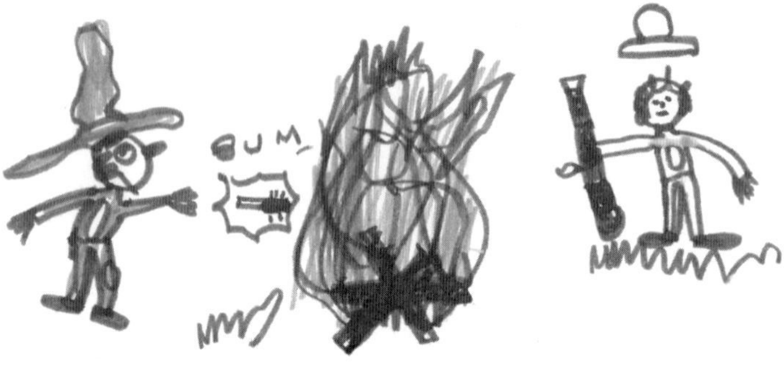
BUM

Anos de chumbo

O ano era 1969. O Ato Institucional Número Cinco, AI-5, que estava vigorando no Brasil desde 1968, colocou o país em estado de sítio. Não existiam mais liberdades individuais, liberdade de imprensa nem liberdade de expressão. As forças de repressão tinham o poder e o direito legal de prender, torturar e assassinar quem julgassem uma ameaça à ordem pública. A política vigente copiava o modelo norte-americano de demonização e caça aos comunistas.

Quem não concordasse com o regime, fosse contra a censura, contra as arbitrariedades da época ou simplesmente pensasse diferente era tachado de comunista, perseguido e preso sem direito a defesa nem habeas corpus. O país estava à mercê do sadismo, disfarçado de ideologia, que exaltava a pátria, família e Deus — acima de tudo e acima de todos!

Ignorando os sinais do perigo, Nelson Rodrigues, nas crônicas que escrevia nos jornais, gostava de provocar as esquerdas, e volta e meia cutucava o Hélio Pellegrino, dizendo que o amigo era uma pessoa extraordinária, um intelectual brilhante, um poeta admirável, mas tinha dois defeitos: era psicanalista e comunista. Para atiçar mais, colocou um apelido no papai: Melancia — verde por fora e vermelho por dentro! Ora, Nelson conhecia todos os generais do golpe e era muito estimado por eles, que adoravam suas crônicas, seus comentários sobre futebol e acompanhavam tudo o que ele publicava.

Não deu outra: a prisão de Hélio Pellegrino foi decretada, com base na Lei de Segurança Nacional, como ameaça à paz e à ordem pública. A notícia chegou antes de ele ser preso, e papai decidiu fugir. O amigo João Batista e outros amigos deram guarida, e o dr. Pellegrino se escondeu em igrejas, escolas, casas de pessoas conhecidas.

Minha mãe era a única que tinha um código para falar com ele. Era sempre algo relacionado a reparos na casa. Coisas do tipo "a torneira foi consertada, não está mais pingando", "tudo certo com o registro do chuveiro, o aquecedor foi revisado, tudo funcionando bem".

Nessa época, a coisa ficou bastante tensa e me lembro da minha mãe muito aflita. No pátio em frente a nossa casa, a gente via uns caras esquisitos rondando. Na rua, sempre ficava parado um carro suspeito. Eram os arapongas da repressão, que estavam de vigia para prender meu pai. Lembro-me de uma vez em que estava brincando em frente à minha casa e um sujeito magro, de bigodinho e mascando um palito, veio puxar conversa. Queria saber por que eu estava brincando sozinho, que isso era muito perigoso, onde estava meu pai...

A pressão só foi aumentando. O telefone tocava no meio da noite e, quando íamos atender, ninguém falava nada. Até que passaram a fazer ameaças. Minha mãe já não me deixava brincar no quintal, o clima era de terror e eu não compreendia bem o que estava acontecendo. Tinha apenas quatro anos!

Chegou um momento em que, ao receber o telefonema do "encanador", minha mãe disse que haviam ameaçado explodir a casa da rua Nascimento Bittencourt se meu pai não aparecesse. A coisa tinha apertado de tal forma que Hélio decidiu se entregar às autoridades militares.

Manhã bem cedo, minha mãe estava toda arrumada, bonita, elegante. O rosto estava triste enquanto me vestia e preparava. Meias brancas, botinha branca, short bege, camisa branca de manga curta, casaquinho azul-marinho por cima. Fomos visitar meu pai, preso no Regimento Caetano de Farias.

Lembro-me de entrarmos naquele imponente prédio histórico, cruzarmos um pátio interno aberto, subirmos uma escada à esquerda, acessarmos o segundo andar e seguirmos até um quarto vazio onde estava meu pai vestindo short azul, camiseta branca e alpargatas nos pés.

Ele nos abraçou alegre e demoradamente. Brincou, tentando amenizar todo o medo e o horror que pairavam naqueles porões. Disse que já tinha arrumado novos pacientes entre a tropa. Com a notícia de que dr. Hélio Pellegrino estava detido na casa, várias almas, aflitas e atormentadas, foram procurá-lo para pedir ajuda, atenção ou até mesmo um conselho.

Minha mãe resolveu procurar o Nelson Rodrigues. Estava brava! Tinha certeza de que as brincadeiras dele no jornal, chamando Hélio Pellegrino de comunista, melancia e outras provocações zoando o marido dela, haviam contribuído, sim, para ele ser preso sob a acusação de líder comunista!

Minha mãe foi bem clara e firme com o Nelson:

— Nelson, eu tenho sete filhos e eles precisam do pai. Você acabou ajudando a prender o Hélio e, agora, você vai me ajudar a soltá-lo! Você não é amigo íntimo dos generais?! Vamos então, eu e você, conversar com eles. — E assim foi!

Maria Urbana se vestia arrasadora, e ia junto com Nelson convencer os militares de que Hélio Pellegrino não representava perigo algum. Era cristão, médico respeitado, casado, pai de família, era apenas um intelectual, escritor, nunca pegou em armas, nunca participou de nenhum ato violento. Apenas expressava opiniões, não era líder de nada.

Depois de muitas visitas aos generais, de minha mãe gastar muitos *looks* e charme, e do Nelson praticamente se responsabilizar pessoalmente por meu pai, os generais, numa votação muito apertada, resolveram soltar Hélio Pellegrino depois de três meses preso.

Três meses pode não parecer muita coisa, mas, naquele período em que as garantias constitucionais de vida e os direitos civis haviam sido suspensos, ser preso poderia se transformar numa sentença de morte a qualquer instante. Para o meu pai, foi uma experiência tensa e apavorante.

Foi na cela do Regimento Caetano de Farias que papai conheceu Zuenir Ventura. A identificação foi imediata e os dois viraram melhores amigos e passaram a ser apoio um do outro naqueles momentos difíceis. A rotina era dura, e só existia uma hora de banho de sol. Permitiam um basquete breve. Durante o resto do dia eram trancados, seguindo uma rotina de horários rígidos. Na cela onde estavam, existiam só intelectuais e jornalistas. Meu pai já tinha ficado conhecido pelas consultas informais, pelo carisma... Fato é que surgiu uma garrafa de uísque na cela e até um violão.

O coronel Quaresma não gostou de saber das regalias concedidas aos presos e acabou com a festa. Hélio Pellegrino foi transferido para o sinistro Primeiro Batalhão da Polícia Militar, sede do temido Doi-Codi, órgão de repressão e perseguição sistemática aos opositores na ditadura militar.

Esse foi o pior momento, o de maior apreensão. Era justamente nesse momento em que os presos saíam e nunca mais voltavam. Meu pai foi transferido para uma solitária, sem a companhia do Zuenir. Aquele foi o período mais difícil e angustiante para ele — só com seus pensamentos e medos, diante de uma situação de total impotência. Sabia que dali poderia sair com os olhos vendados, ser colocado num avião e ser jogado ao mar, para desaparecer para sempre.

Um tempo depois, meio que por engano, transferiram o Zuenir para a mesma cela no Primeiro Batalhão, amenizando um pouco a tortura psicológica do isolamento.

Os esforços incansáveis de Maria Urbana e Nelson Rodrigues finalmente resultaram na liberdade do Hélio e do Zuenir também, que virou amigo de infância do Hélio, num comovente enredo inventado pelo Nelson, a pedido do papai, que convenceu os generais.

O ano de 1969 foi cruel e levou também Braz Pellegrino, pai do meu pai, meu avô. Não foi à toa que, depois de tantas provações, o coração desse poeta justo e sensível sofreu um baque. No começo de 1970, Hélio Pellegrino teve um ataque cardíaco sério, quase fatal. Foi o segundo enfarte da vida dele.

O verde

Dr. Hélio desenvolveu sua escuta por meio da prática do entendimento generoso, entendimento esse que permite, percebe e aceita a existência do outro plenamente — como gostava de dizer, com os olhos cheios de olhar. Ele sabia como ninguém desnudar a realidade em beleza e surpresa.

Foi meu pai que me chamou a atenção para a quantidade de verdes que existem por aí, logo aqui, ali, por todo canto, onde existir natureza e mata para verdejar. Ele me ensinou que era só reparar. Tem folha de todo tipo, cada uma com o seu tom de verde próprio. E, na mesma folha, um mesmo verde, dependendo da luz do dia, pode se modificar.

As folhas quando nascem são de um verde bem clarinho, vão desenvolvendo seus verdes, depois vão do amarelo ao marrom-escuro, secando, até se soltarem dos galhos e voarem pelo vento para todo lugar.

Existia uma trilha na Mesa do Imperador que a gente gostava de ir. Tinha um trecho onde a floresta nos acolhia. Ficávamos deitados no chão coberto de folhas, filosofando, olhando para cima e vendo o rendilhado que as copas das árvores recortavam no céu. Tentávamos contar os tons de verde, mas era em vão. Existiam sempre mais verdes, madurando a cada instante, em eterna renovação.

Mímica

A Variant amarela do dr. Pellegrino já era, nessa altura do campeonato, um modelo de carro ultrapassado, cansado e, a bem da verdade, caindo aos pedaços. Na última reforma da lataria, meu pai acreditou na lábia de um funileiro malandro. "O canalha é sempre simpático", como afirmava.

O cara não cortou fora a parte corroída da lataria e soldou outra chapa de aço por cima, reparando o problema, como exigia o serviço. Na esperteza, cobriu o carro todo com massa plástica — esticou para lá, esticou para cá, lixou com carinho na lixa de água. Pintou na pistola com aquela inspiração e, para finalizar, deu aquele polimento com cera de carnaúba.

A perua brilhava. Finalmente, sua glória tinha sido restaurada! Mas, com a vibração causada pelas eternamente esburacadas ruas cariocas, a massa plástica começou a rachar, rachar mais um pouco e, algum tempo depois, a despencar em placas, revelando as cáries da ferrugem por debaixo da maquiagem.

Volta e meia, o escapamento caía rendido pela corrosão marítima, e o carro produzia um ronco ensurdecedor e constrangedor a cada acelerada. A chegada ao destino era sempre um alívio naquela Variant que nos conduzia. A viagem podia ainda se transformar numa odisseia se fôssemos engolidos pelo engarrafamento perfeito. Tudo parado, sem escapatória. Dava para sair do carro e caminhar pela estrada até mais a frente, tentando entender o que estava acontecendo. Acidente, um caminhão quebrado, incêndio?

Na maioria das vezes o grande problema era simplesmente o excesso de carros tentando chegar ao mesmo tempo, desesperadamente. Esse era um fenômeno relativamente novo na época e ninguém sabia muito bem o que fazer com aquilo.

Naquele carro quente, fritando no sol, dr. Pellegrino, suando em bicas, camisa desabotoada, era acometido por um "surto" de inabalável bom humor diante do inevitável. Bom, que tal um pouco do consultório itinerante do dr. Hélio para distrair o tempo? De improviso, de olho no que o momento trazia ao redor, fazia boas observações de como as pessoas iam enlouquecendo presas no tráfego.

Reparava e chamava a atenção para as reações de cada um diante das frustrações que insistem em nos rodear. Tinha uma pessoa do lado que reclamava e falava com alguém, praguejava com vontade, mesmo estando sozinha no automóvel. Tinha a família, carro lotado, todos suando, impassíveis, arrumados para um casamento; todos em silêncio. Tinha outro que buzinava, parado, por puro desespero e impotência de vez em quando. Alguns invadiam o acostamento, rompendo, furiosos, os limites da lei. Depois, forçavam a barra para retornar à pista, e a pessoa que tinha ficado presa na fila do trânsito não deixava o cara entrar, achando a atitude própria de um folgado prepotente. "Todo mundo perde parado", dizia meu pai. **As naturezas se revelam no anfiteatro do engarrafamento.**

A gente chegava à casa pela ruazinha estreita de trás e estacionava na calçada, igualmente estreita, já nos fundos daquele recanto à beira-mar. Em frente, o restaurante Garrafa de Nansen nos esperava. Eu e meu pai dividíamos o clássico: camarões à milanesa com arroz à grega. A comida vinha quentinha e deliciosa das profundezas de Nansen. Devorávamos com a fome e a urgência daqueles que retornam ao porto.

Depois de saciados, cruzávamos a mesma rua estreita e atravessávamos um portão que dava passagem para uma outra dimensão. Tinha um corredor, e a gente entrava na casa pela lateral esquerda. A passagem seguia pela varanda até a frente da casa, que dava para o jardim, com a praia lá embaixo. Cozinha, sala, banheiro, quarto, dois quartos com janelas abrindo para a ruazinha do restaurante. Na sala duas janelas abriam para o corredor lateral.

Ainda me recordo da sensação nítida da chegada, do abrir as janelas, colocar as malas nos quartos, deixar a brisa do mar circular por cada fresta. O tempo ia desacelerando e nos trazendo para um outro mundo de paz e relaxamento. Cada um ia fazer o que bem entendesse, sem dar satisfações a ninguém, apenas aproveitando o momento de viver.

À noite, lembro-me das hilárias brincadeiras de mímica. Formavam-se dois times. Cada um deles escolhia o nome de um filme, o nome de um livro ou uma palavra. Cada grupo elegia uma pessoa para representar o que o outro time propunha, usando apenas gestos, expressões e o próprio corpo. O grupo que desvendasse em menos tempo vencia o desafio.

Pellegrino era bom de mímica, fazia uma dança de gestos, emoldurada pelas mãos, buscando meios bastante originais e engraçados de dizer sem palavras.

Depois íamos ver o céu de Arraial, que era intenso de estrelas naquele tempo.

Foi meu pai que me ensinou a perplexidade diante do universo, da imensidão e do inexplicável. Às vezes dizia que tudo estava escrito ali, na junção daqueles pontos luminosos. Havíamos, no entanto, perdido muito da capacidade de enxergar e perceber os sinais do mundo que existem no céu, no mar, dentro de nós e em todo lugar.

Bordões

Essa era uma parte mais reservada, engraçada e constitucional da essência desse Pellegrino. Era algo nas internas, como se diz. Na verdade, relembrando hoje, ele era bem musical e esperto para criar bordões. De tantas palavras, de tantos significantes combinados, alguns motes realmente ficaram na memória, ecoando imortais. Eram momentos de curtição e descontração que hoje me soam como evocações de vários chistes colecionados nas muitas horas de escuta.

"Oh, João, vamos apanhar limão. Oh, João, vamos apanhar limão!" Esse bordão era entoado quando chegava, era um chamado, um rito de passagem, no qual o doutor se descobria menino e, de alma aberta para a vida, me convidava para brincar com ele. "Oh, João, vamos apanhar limão!" Vamos, sim, meu pai, vamos apanhar limões para fazer a limonada dos sonhos.

Papai tinha desenvolvido algum tipo de dermatite nervosa no couro cabeludo e usava um remédio chamado Betnovate Capilar. Era um produto líquido que se aplicava em gotas diretamente na raiz do cabelo. Desse ritual saiu "Betnovate Capilar cachorro, capilar cachorro, capilar cachorro", que repetia alegremente, como se fosse um mantra para relaxar, enquanto massageava a cabeça para espalhar a solução.

"Naquele tempo, meu irmão João editava um panfleto civilista cognominado O Baú." Adorava repetir essa frase, modulando o grave nas notas mais baixas para dar um caráter de sobriedade à sentença. E dava o bis: "Naquele tempo, meu irmão João editava um panfleto civilista cognominado O Baú..." Na faculdade de jornalismo, em homenagem, editei um folheto chamado O Baú.

Numa certa época, existiu uma cadela do tipo salsicha chamada Bianca. Papai volta e meia ia na direção do bicho com os pés juntos, como Chaplin fazia, andando roboticamente e repetindo:

— Bianca de La Manca, Bianca de La Manca.

Primeiro, eu associava La Manca a Dom Quixote de La Mancha. Achava que a brincadeira fosse por aí, mas depois de anos percebi que poderia ser na verdade Bian-cadela Manca. Cadela Manca era o jogo de palavras oculto! Bianca Cadela Manca, por sua vez, nem se mancava com aquele personagem divertido fazendo toda aquela performance para ela. Na caminha, aninhada, enrolada numa coberta, simplesmente virava a cabeça para o outro lado e o ignorava, solenemente.

Outro clássico do repertório era uma melodia que o papai cantava fazendo um trocadilho com o nome de Mao Tsé-Tung. O líder chinês era também um grande nadador e afeito a escrever poesias antes de militar na carreira política. Dizia assim: "O homem Mao, nada bem. O homem bom, nada mal." E repetia: "O homem Mao, nada bem. O homem bom, nada mal..." E a gente sorria, eu improvisava outras vozes em cima da voz dele, e aquele tempo parecia que nunca iria acabar.

Tivoli

O ano era 1973. Eu tinha oito anos. Meu pai foi me pegar para passear e, de surpresa, me levou na inauguração do Tivoli Park, na Lagoa Rodrigo de Freitas, no Rio de Janeiro. Pellegrino tinha acompanhado nos jornais todas as notícias sobre aquele novo empreendimento, que iria marcar o imaginário de muita gente. E preparou com carinho essa memória.

Chegamos de mãos dadas; a atmosfera era de festa, alegria e mágica. Uma banda de circo completa, que tocava bem e animava a estreia, conduzia o clima. Estávamos diante de um imenso circo de diversões, um espetáculo de máquinas e engenharia, engrenagens e cabos de aço para erguer um sonho capaz de nos entreter.

Por instantes, éramos apenas levados na vertigem da montanha-russa, voando no chapéu mexicano, no trem-fantasma, na jaula da Konga, a mulher gorila...

Mas existiam também bancas com atrações, como nos circos antigos. Tinha o acerto com a bola e ganhe prêmio e tinha o jogo de argolas — você jogava argolas de ferro para tentar acertar um pino fino. Para cada cinco no alvo levava uma recordação.

Dei um tiro certeiro com a espingarda de ar comprimido e ganhei um boné com "Tivoli" bordado na frente, em vermelho. Claro que o dr. Hélio colocou o boné na cabeça e adotou o figurino até o final da aventura. Era uma forma diferente de viver o tempo e cada um de nós, ao seu modo, se enriqueceu com aqueles momentos de inauguração e encantamento.

O carrinho bate-bate era frenético! Você entrava numa pista retangular com vários carrinhos ovalados nas arestas e com uma faixa grossa de borracha, envolvendo 360 graus, atuando como um para-choque. Existia um banco de resina, um guidão e um acelerador na cabine do piloto. Como era elétrico, ao deixar de acelerar o bólido volante parava.

Tocava uma campainha e determinado número de pessoas entrava na arena. Cada um escolhia qual máquina iria dirigir no combate. Soava outro sinal e a energia elétrica era ligada. A ideia básica era bater e desviar dos outros carros, acelerando tudo! A borracha absorvia parte do impacto, mas mesmo assim a pancada era forte.

Alianças surgiam entre conhecidos e desconhecidos, por simpatia ou antipatia, e aconteciam perseguições de vários motoristas atrás de uma vítima. Nisso, outros iam ajudar o perseguido e os embates ocorriam, com muitas risadas e impactos por todos os lados.

Sentados na imensa roda-gigante, eu e meu pai vimos de uma nova perspectiva, de tirar o fôlego, a lagoa na frente, que ia girando para os perfis únicos das montanhas cobertas por florestas, atrás.

Subimos uma rampa de madeira que nos nivelava para embarcarmos no local de assento na roda-gigante, que parecia um minidisco voador redondo aberto em cima. Dentro, um banco circular de fibra de vidro e, no centro, um volante metálico, na horizontal, que permitia girar o disco 360 graus.

Para mim aquilo era uma roda do tempo, capaz de eternizar momentos, brevemente, em todos os ângulos. No topo de cada nave existia uma lona esticada na estrutura da roda, servindo de guarda-sol e guarda-chuva. A roda girava no sentido horário e dava paradas estratégicas para que cada "nave" pudesse orbitar no topo do mundo por alguns instantes.

Foi um momento de diversão para os dois, e isso foi o mais divertido. Rolaram altos papos, que eu adorava, embarcava na onda completamente, e tive a sorte de escutar bem de perto, encarnados na pessoa dele.

Outro dia reencontrei alguns originais do meu pai e fotos nossas na casa da praia. Numa das fotos aparece dr. Hélio de sunga preta, em pé, com as mãos em primeiro plano, bem à vontade, usando na cabeça o boné escrito "Tivoli".

As memórias gravadas a partir da leveza libertadora do afeto são as únicas certezas que sempre nos aquecem na clareza das manhãs.

Árvore generosa

Aquele livro com texto e ilustrações simples me deixou intrigado. Contava a história de um menino que amava uma árvore e de uma árvore que amava um menino. O menino escalava os galhos, se pendurava e adormecia na sombra das folhas. Mais tarde, levou a primeira namorada para descobrir o amor debaixo daquela copa e tatuou no tronco, com um canivete, as iniciais dessa paixão adolescente.

O menino cresceu e sumiu por muito tempo. Um dia voltou, e a árvore o convidou para subir nos seus galhos, para se balançar, mas o menino não tinha mais vontade de nada disso. Disse que precisava de dinheiro e que a árvore não poderia ajudar. A árvore, então, deu ao menino crescido todas as maçãs que maduravam deliciosas. O menino voltou para a cidade, para vender os frutos e obter o dinheiro, e a árvore ficou feliz.

A árvore permaneceu sozinha, até que um dia o menino, que era já um adulto de meia-idade, apareceu. Ela ficou muito alegre e o convidou para brincar. Ele disse que não tinha mais tempo para isso e que precisava construir uma casa. A árvore, então, ofereceu seus galhos para ele construir um lar. O homem cortou todos os galhos e a árvore ficou feliz.

Ele voltou anos depois e parecia triste. Disse que o tempo estava passando e que queria conhecer o mundo. A árvore ofereceu seu tronco para ele cortar e fazer um barco. Aquele senhor, que um dia fora menino, cortou o tronco e foi embora para fazer uma embarcação, e a árvore ficou feliz.

Muito tempo se passou e finalmente o menino, já velho e cansado, retornou. A árvore estremeceu de tanta felicidade! Disse que não tinha mais frutos nem galhos nem tronco para o menino se divertir, mas tinha sobrado um toco em que ele podia se sentar. O velho menino, então, sentou-se para descansar, e a árvore ficou feliz.

Essa história mexeu comigo. Achei que a árvore deu tudo o que podia, se desmaterializou ao toco, e o menino tinha dado menos em troca. Fiquei sem saber qual seria a medida da generosidade, tentando entender qual o sentido que aquele livro me provocava.

Na volta do trabalho, dr. Hélio passou para me pegar para jantar com ele e dormir por lá. O apartamento na rua Senador Simonsen tinha uma vista da sala espetacular! Dava para ver as montanhas, a mata atlântica, a lagoa, o Jockey e o mar lá longe a se perder de vista.

Papai gostava de tomar uma única dose de uísque, com duas pedras de gelo, para relaxar os ouvidos e a mente depois de outro longo dia de labuta. Ele preparava o copo e ficava uns instantes em silêncio, saboreando o malte em goles curtos. Aos poucos, começávamos a conversar sobre como foi o dia e, daí, podíamos partir para qualquer direção, rumo a qualquer dimensão.

Comentei a minha impressão do livro e que tinha ficado com uma certa pena da árvore. Afinal, o menino que virou velho, tirou os frutos, os galhos, o tronco, tirou tudo que a árvore tinha de árvore!

Ele me disse que toda história tem um começo e que, no começo dessa, estava escrito: "Era uma vez um menino que amava uma árvore e uma árvore que amava um menino." Talvez fosse esse o segredo de algo que habita dentro dos nossos afetos e que justifica os maiores sacrifícios e demonstrações de generosidade.

A natureza da árvore era a de ficar ali, plantada, buscando o céu. A natureza do menino era vagar, ir e voltar. E ele voltou. Sempre voltou para aquela árvore frondosa que um dia, na infância, ele amou.

Fecho-ecler

Natália era a única que sabia os procedimentos nesse caso. Tinha o jeito certo de colocar azeite de oliva e, num golpe preciso, libertar o passarinho. Acontece que Natália estava de férias. E agora, o que fazer?

Tinha uns seis anos e nunca usava cueca. Acontece que, de vez em quando, na pressa de voltar para a brincadeira, eu fechava a braguilha sem cuidado e prendia o prepúcio no zíper. Era um sufoco! O único jeito era baixar o fecho-ecler para liberar a pele presa. Nesse momento, Natália chegava com o óleo e resolvia a questão com um movimento rápido e sem hesitar.

Justo naquele dia aconteceu de novo. A situação estava ali desenhada e percebi que, sem a presença da especialista em resolver esse assunto, o jeito seria apelar para o papai mesmo. Cheguei na sala, ele estava lendo os jornais.

— Pai, você é médico, não é?

Ele respondeu, meio surpreso com a pergunta:

— Sim, sou formado em medicina, fiz especialização em psiquiatria e, depois, formação em psicanálise, e me tornei um psicanalista. Mas por quê, meu filho?

Respondi:

— Por isso!

E apontei para a braguilha aberta, revelando a cena toda. Ele ficou analisando a questão por alguns instantes e finalmente disse:

— Vou usar todo o meu conhecimento cirúrgico de anos de estudo para resolver essa situação.

Entrou no banheiro e voltou trazendo uma tesoura.

Assustado, falei:

— Mas a Natália só usa azeite!

Fiquei grilado. Castração real, não! Ele percebeu a situação e me tranquilizou:

— Confia no seu pai!

Então começou a operação com a tesoura afiada. Foi desfazendo o short e no final deixou apenas o fecho-ecler recortado, dependurado no bilau!

Foi até o guarda-roupa dele, pegou uma camiseta de malha branca e me vestiu. Entramos na Variant amarela e partimos. O escapamento do carro estava furado e o ronco do motor reverberava ensurdecedor quando o dr. Hélio estacionou o veículo em frente a um pronto-socorro.

Lembro-me perfeitamente daquele momento épico em que adentramos a clínica, eu e meu pai de mãos dadas, eu descalço, vestido como um fantasma com aquela camiseta branca imensa e com aquele zíper, como um pingente, preso no pau!

Uma enfermeira, muito carinhosa e bonita, resolveu a questão rapidamente para o alívio e a alegria geral. Depois do acontecido, papai ficou me sacaneando, cantando todos os bordões dele, e, no final, aprendi uma lição importante e nunca mais passei por esse mico.

O dia estava nublado e sereno, eram as águas de março fechando o verão. A fome bateu, fomos então para a praia de Ipanema comer um cachorro-quente na barraquinha do Geneal. Aquele pão careca, macio, quentinho, com uma salsicha saborosa no meio. Ketchup, mostarda... Uma delícia! Freud explicaria.

Amizade

A avenida João Pinheiro vem subindo o morro. No topo, deságua na praça da Liberdade. Continua seguindo, no rumo de uma rua fechada ao trânsito, cortando a praça até chegar ao palácio da Liberdade, a sede do poder.

Foi ali, nessa rua de pedestres que divide a Liberdade ao meio, que meus pais, naquilo tudo que viveriam, se conheceram para sempre. Era o momento do famoso *footing* na praça, ao entardecer. Meninas passeando na rua, rapazes aos bandos sentados nas calçadas. Olhares se cruzando, risos, comentários.

Eles se escolheram, se perceberam e, assim, os búzios do meu destino foram lançados.

Hoje em dia existe para sempre, na mesma praça da Liberdade, um monumento que celebra a amizade — a melhor conquista de todas as batalhas. **Reconhecer e aceitar o outro, em todas as diferenças que o constituem como outro, em sinal de amizade, é deveras extraordinário e humano.**

Já havia visto nas praças do Rio de Janeiro estátuas solenes de grandes generais empinando seus corcéis intrépidos. Li em algum lugar que, se o cavalo estivesse empinando com as duas patas no ar, o homenageado tinha sido morto em combate; cavalo com uma pata no ar, ferido; se o cavalo estivesse com as quatro patas no solo, significava que o general havia sobrevivido à guerra.

No conjunto de estátuas que habita a praça da Liberdade estão eternizados os Quatro Mineiros — o quarteto de amigos brilhantes que balançou o coreto e as noites calmas de Belo Horizonte, trazendo modernidade e frescor à estética vigente, marcando gerações e abrindo alas para que muitos outros talentos surgissem também.

Juntos para sempre estão representados, em tamanho real, Hélio Pellegrino e Paulo Mendes Campos, em pé, trocando uma prosa eterna com Otto Lara Resende e Fernando Sabino, sentados num banco de praça. Lá estão eles simbolizados, celebrando a grande arte da amizade!

Sempre que passo por Belo Horizonte arrumo um jeito de ir dar um abraço no meu pai e nos companheiros da vida toda, naquela bonita homenagem forjada em metal, para permanecer imortal.

Meu pai realmente investiu na amizade e no capital erótico na sua passagem por esse planetário. Buscou o gozo do espírito e o gozo da carne, com prazer e curiosidade. Foi sempre movido a viver emoções e amar a vida intensamente. Dançava com a morte, como todos nós fazemos, mas era nos braços da vida que sabia dizer suas mais calorosas declarações de amor.

Sei lá, acho que meu pai teve sorte também... ou até poderia dizer que foi coisa do destino.

Imagina você saindo para a escola pela primeira vez. Papai Pellegrino menino entra na sala de aula para a dura tarefa de ser civilizado, adequado, castrado, e dá de cara com Fernando Sabino criança. Otto veio logo depois, como que encomendado da costela dessa amizade que já havia se consolidado desde sempre.

Cresceram juntos. Descobriram ao mesmo tempo os mistérios da existência e da sexualidade e a possibilidade da arte. Paulo Mendes Campos veio na adolescência e foi incorporado, por infinita afinidade, pelos três mosqueteiros de Belo Horizonte. BH era também uma cidade jovem, mas ainda provinciana e conservadora. O quarteto que gostava da boemia das noites frias, aquecidas com conversas e bebida até a madrugada, fez história com o talento que eles tinham e que souberam desenvolver, compartilhar entre si e com o mundo.

Hélio Pellegrino fez amigos, muitos amigos. Pessoas queridas, simpatizantes, admiradores, seguidores e, claro, muitas seguidoras. Era um sujeito carismático e sedutor. Embora indignado, intenso e opositor às injustiças, respeitava as opiniões contrárias e era da paz.

O que aprendi sobre amizade foi apenas observando a forma como meu pai se relacionava com os amigos e como isso era importante para ele. Falava com os amigos do peito pelo telefone todos os dias, religiosamente. Em especial com Otto Lara Resende e Fernando Sabino, os camaradas mais antigos. Esses nunca falhavam. Dependendo do tempo disponível, os papos podiam se estender e sempre terminavam divertidos. Desligava o telefone sorrindo e permanecia assim por um momento, como se ainda estivesse bebendo o suco das palavras como alimento, pensando em tudo o que foi conversado.

Naturalmente, novos amigos foram surgindo e se juntando à trupe de pessoas que curtiam a originalidade das ideias, o discurso, a persona Hélio Pellegrino. João Batista Ferreira surgiu na vida do meu pai, curiosamente, na mesma época em que eu nasci.

O ano era 1966. Identificado com os artigos que lia de um certo dr. Hélio Pellegrino no *Correio da Manhã*, aos domingos, decidiu procurar dr. Pellegrino como psicanalista, para uma consulta. João Batista saiu de Belo Horizonte para o Rio de Janeiro, num ônibus noturno, com o peito cravejado de dúvidas. Nessa época, ainda era padre na paróquia de Passagem de Mariana, Minas Gerais.

A conversa aconteceu de tal maneira que teve, quem sabe, o desfecho mais inusitado de toda a história da psicanálise. Dr. Hélio disse, ao fim da entrevista: "João, não vou te atender como paciente, vou te indicar para a minha analista. Gostaria que você se tornasse meu amigo. Ando precisando de um padre para poder me confessar."

João Batista largou a batina alguns anos depois e abraçou de vez a psicanálise. Teve sempre como mentor, por todo o seu caminho, o amigo Hélio Pellegrino. Hoje em dia vejo com clareza que, no mesmo momento em que meu pai se descobria Pai comigo, o caçula temporão, também se descobria como o pai simbólico de um outro João.

Há algum tempo, também procurei o psicanalista João Batista Ferreira como escuta para minhas dúvidas. Acabei da mesma maneira, ganhando um amigo e descobrindo um irmão.

Surgiu assim, nesse ambiente propício que só a amizade sabe fazer brotar, a ideia de um desafio de cada um contar em livro a rica convivência com esse Pellegrino sem par nos seus últimos 22 anos de vida, para celebrar o centenário de nascimento.

Assim caminha a amizade. Quando consolidada e livre das vaidades, adquire o poder mágico de celebrar a vida com mais vida, renovando-se e renascendo.

Papai dizia que a amizade, ao sublimar a tensão da pulsão sexual, acabava se transformando na mais produtiva e positiva forma de relacionamento entre as pessoas. Esse tipo de elo é capaz de restaurar a paz e a união, servindo como um antídoto poderoso contra a indiferença que nos devora por dentro.

Lispector

Hélio Pellegrino enfrentou mares bravios, passou por muitas tempestades e tormentas. Domou minérios e semeou esperança em sua trajetória. Mas, em alguns momentos, um certo "negro negror", como descrevia, baixava como uma névoa espessa — turvando os horizontes e levando a esperança para longe.

Num dado momento, já com um monte de filhos frenéticos para encaminhar na vida, acometido por questões existenciais, por paixões imensas e intensas e pela sede de viver, acabou forçando demais as turbinas cerebrais, e os mancais emocionais se afrouxaram ligeiramente. Pellegrino entrou em colapso e, por algum tempo, necessitou ficar em repouso, até a sua completa recuperação.

Durante esse período no estaleiro, uma pessoa vinha visitá-lo todos os dias. Chegava sem dizer nada, silenciosamente se sentava; tirava agulha e linha da bolsa e ficava horas e horas fazendo crochê, compenetrada. Aquele silêncio dela era exatamente do que ele precisava. Ela simplesmente demonstrava e, nisso, não precisava de palavras.

O ritual se repetiu com hora marcada, dia após dia. Dessa maneira, o bordado foi se transformando num generoso cobertor, enquanto a melhora ia chegando junto com a luz da primavera que explodia pelas janelas, carregada de esperança, outra vez.

Essa amiga, sábia e carinhosa, tinha no nome a flor que trazia no peito. Clarice Lispector.

Hélio e Maria Urbana

Hélio Pellegrino e Maria Urbana se conheceram em Belo Horizonte. Apaixonaram-se de tal forma que se casaram e formaram família. Sete filhos. Sete filhos não é fácil para ninguém. E o jovem casal enfrentou muitos desafios junto. Havia entre os dois uma enorme intimidade e cumplicidade de vida. Cada um sabia da verdade mais escondida do outro, profundamente.

Manter a chama acesa dentro do casamento é tarefa difícil e para muito poucos. A realidade, cheia de burocracia, com problemas para resolver o tempo todo, acaba massacrando a libido do casal. Simplesmente acontece. Meus pais fizeram tudo o que podiam para ficar juntos, mas depois de uma doce viagem à Europa o casal acabou se divorciando, em 1974.

Hélio Pellegrino era movido por paixões. Mas depois de completo o ciclo de encantamento/desencantamento, ou como já sabia e dizia minha mãe, "ciclo erótico/intelectual", sempre retornava ao abraço do amor de Maria Urbana.

E foi assim que aconteceu depois de sete anos do segundo casamento. Hélio sentiu a falta e voltou para a companheira e namorada da vida toda. Para mim, foi incrível!

Quando eu tinha quinze anos, estávamos os três viajando de carro outra vez. Meus pais sentados na frente, papai ao volante, e eu, no banco de trás, tentando entender as falas do amor.

Quando Hélio se tornou sexagenário, Maria Urbana organizou uma celebração carinhosamente inesquecível. "Na festa de sessenta anos de Hélio Pellegrino, só não foi quem já morreu." Foi esse o mote, no dia seguinte, das crônicas de jornal sobre a celebração do marco 60 desse brasileiro tão querido.

E de fato, a festa foi dionisíaca — celebrando a vida, a arte e a amizade. Todo mundo dançou, todo mundo bebeu e se divertiu muito. Meu pai, por sua vez, que sabia apreciar uma boa festa, aproveitou, vivendo inclusive momentos na pista de dança, entre sorrisos.

Hélio e Maria Urbana iriam se separar pela segunda vez no final de 1986. Pellegrino embarcou num terceiro casamento, que durou 27 meses. No entanto, o ritual de desencantamento com a nova relação já estava acontecendo, e era fato conhecido pelos amigos mais íntimos. Hélio Pellegrino morreu antes que pudesse retornar ao porto seguro do amor da vida dele.

Quatro meses antes da partida, estava investindo todas as fichas que tinha na reconquista daquela que sempre o acolheu, sem fazer perguntas. Escrevia poemas, enviava presentes. Queria voltar para casa. No velório só teve lugar a viúva: Maria Urbana. Mais uma vez o casal havia se reencontrado. Desta vez, para a despedida.

Psicanálise

Hélio Pellegrino queria ser filósofo e teria cursado a faculdade de filosofia se tal faculdade existisse em Belo Horizonte naquela época. O pai era um médico ilustre. O irmão mais velho era um jovem médico que se tornaria um cientista mundialmente conhecido pelos estudos desenvolvidos sobre as doenças tropicais. Estudar medicina, então, foi a opção mais natural naquele momento.

Logo ficou claro, no entanto, que o talento dele não ia de encontro ao conhecimento biológico, funcional e anatômico do corpo humano. Através do sofrimento intenso que sentia às vésperas das angustiantes aulas práticas de dissecação de cadáver, viu que aquilo definitivamente não era para ele. Logo cedo, percebeu que as doenças que desafiavam sua compreensão tinham origem nas mais profundas instâncias da mente.

A especialização em psiquiatria apareceu como um caminho. Logo viu, no entanto, que não era muito bom em receitar remédios e muito menos acreditava nas técnicas de lobotomia e eletrochoques, utilizadas na época para tratar os distúrbios psíquicos.

O encontro com a psicanálise representou para o meu pai uma forma de libertação pessoal e um caminho para desenvolver e consolidar seu pensamento. Juntando filosofia, política e religião às percepções freudianas sobre a constituição psíquica do Sujeito em meio à civilização, percebeu ali o seu filão mais rico.

Desde cedo, a psicanálise estava entranhada em nossas conversas e na forma com que meu pai me fazia perceber a natureza humana. Ele sabia que a identificação que tínhamos nos aproximava da mesma luz. Mas receava, ao mesmo tempo, que pudesse nos aproximar de certas escuridões.

Hoje percebo com clareza as mensagens sopradas carinhosamente nas entrelinhas poéticas das nossas manhãs. Ele queria me ensinar um caminho para que eu também soubesse me proteger no futuro.

Tudo começa com conhecer-se. Depois, procurar-se. E finalmente descobrir-se.

Dizia, volta e meia, que o grande pecado era não fazer. Era se deixar tragar pelo vazio, pelo inebriante e doce desejo de não ser que nos chama de volta, como um canto da sereia, à prisão eterna do útero materno.

A psicanálise para o meu pai foi, sobretudo, uma tábua de salvação. Um instrumento que encontrou para sobreviver a um momento existencial difícil que teve que atravessar. Acabou transformando esse conhecimento todo em profissão de vida. Exerceu com muita dedicação, ética e paixão o ofício de psicanalista, até o final dos seus dias.

Boliche

Geralmente, a gente ia pelo caminho da floresta, na estrada que sobe para o parque da Tijuca, e descíamos à esquerda, em São Conrado. Mas também podíamos pegar o túnel da Gávea e subir a estrada das Canoas, endereço oficial do boliche no Rio de Janeiro naquele momento.

 O lugar era um galpão com várias pistas compridas de tábuas corridas, bem finas e sem emendas, muito bem envernizadas e lisas. Os pinos eram colocados manualmente por crianças da favela da Rocinha, que ficavam atrás de uma cortina de duas peças de tecido. Só dava para ver os bracinhos e as canelas finas daqueles trabalhadores infantis, que ficavam suspensos, sentados num banco alto, por trás dos panos. Do outro lado, na cabeceira de cada pista, tinha uma salinha anexa com mesa e dois bancos compridos. Você podia comer alguma coisa e beber enquanto jogava.

 O grande macete no boliche é conseguir fazer o movimento de soltar a bola com suavidade e direção. Você não pode deixar a bola quicar na pista ou jogar torto, direto na canaleta lateral de contenção. Deixar a bola pesada cair no pé, nem pensar! O movimento deve ser contínuo e fluido, integrando a energia do corpo que lança com a motricidade da bola, que deve deslizar suave.

O objetivo é fazer um *strike* — derrubar todos os pinos com um lançamento. A bola vai girando e rolando, faz uma pequena curva de efeito e incide sobre o vértice do triângulo que orienta a forma de arrumação das peças do boliche, derrubando-as em cascata.

Era divertido disputar as partidas e, ao mesmo tempo, ir aprimorando a técnica e a precisão na mira. Depois do jogo, pedíamos algo para comer. Ele bebia um chope e eu, um guaraná. Já havia provado um golinho de cerveja e tinha achado o gosto horrível. Guaraná era infinitamente melhor e tinha a cor e as bolinhas de gás bem parecidas!

— Pai, por que você bebe cerveja, se o guaraná é muito mais gostoso?

Essa era uma questão difícil de entender para mim. Ele deu mais um gole no chope gelado e me disse:

— O chope é gostoso também, mas é um sabor amargo, diferente. Os sabores amargos, a gente aprende a apreciar mais tarde. — Deu um gole no meu guaraná e completou: — Muito mais gostoso!

Fizemos um brinde e bebemos juntos: eu, o doce refrigerante, e ele, uma "loura gelada".

Caminhadas

Hélio Pellegrino, desde cedo, teve que aprender a cuidar do coração para poder viver a vida por mais tempo. A condição de cardiopata o colocou em permanente alerta no controle da dieta, do peso e dos níveis do colesterol. A recomendação máxima dos médicos era: exercitar-se e exercitar-se. Ele seguia isso à risca e caminhava todos os dias de manhã cedo.

A volta na Lagoa Rodrigo de Freitas era o roteiro mais frequente. Ele nunca corria, mas andava bem rápido e sem parar. Aqueles eram momentos perfeitos para muitos pensamentos e reflexões, durante aqueles sete quilômetros, bem cedinho, antes de o sol esquentar.

Descíamos a rua Senador Simonsen, a rua Faro e íamos reto até a lagoa, na altura da paróquia São José. Iniciávamos sempre o trajeto pela esquerda. Durante um desses circuitos, perguntei a ele sobre a loucura. Queria saber o que era a loucura, qual a sua utilidade, se é que existia, de onde vinha e para onde ia. Estava curioso para entender com o que meu pai trabalhava. Nos encontrávamos no meio da nossa volta. Ainda tínhamos meia lagoa para a resposta.

Mantendo o passo firme, disse que sem um pouco de loucura não existiria arte. E que, sem arte, não existiria vida. Simples e complexo assim. E que, da mesma forma, as ideias mais originais e revolucionárias saem, muitas vezes, da chamada "loucura".

Basta elencar os grandes gênios que mudaram os rumos da humanidade — todos eles foram visionários, sensíveis, especiais em alguma área do conhecimento, todos eles foram pessoas bem diferentes do comum e, certamente, cheios de manias e excentricidades. Muitas vezes foram incompreendidos, presos, taxados de hereges e queimados nas fogueiras intolerantes da ignorância.

O artista, por sua vez, tem a capacidade desconcertante de dizer sempre mais do que sabe. Atingindo fundo o fundo do coração. A obra que produz adquire vida própria e escapa a sua própria compreensão e controle, adquirindo novos sentidos na mente das pessoas. O criador, ao processar tantas informações e emoções ao mesmo tempo, pode acabar forçando demais as conexões neurais e abarcar certas "loucuras".

Mentes brilhantes podem, sim, trabalhar no limite da insanidade, na tentativa de obter respostas para aquilo que nos escapa. Isso não é sinal de que a mente é fraca; a coisa é justamente ao contrário. As mentes que acabam "pirando" muitas vezes são as mais poderosas, dizia dr. Pellegrino.

Estávamos em frente ao Clube de Regatas do Flamengo. Logo adiante, o Estádio de Remo da Lagoa e o Jockey Club, à esquerda. Prosseguiu dizendo, enquanto passávamos em frente ao Clube Militar Piraquê, à direita, que a loucura também pode se transformar numa terrível prisão, cheia de obsessões repetitivas e rituais bizarros que te afastam da realidade, das pessoas e dos sentimentos. Nesse caso é diferente. Essa face doentia da loucura não respira vida, não cria nada e apenas destrói. É só morte e solidão.

As Paineiras, no alto da Floresta da Tijuca, era outro caminho que percorríamos. Numa estrada que cortava a mata e a montanha de granito horizontalmente, revelando uma vista única do mar, da lagoa e das montanhas verdejantes, os passos rápidos e decididos levavam a todo tipo de lembranças e assuntos aleatórios.

Certa vez, contou um momento mágico que viveu num jogo de basquete na época do colégio. A disputa estava difícil, placar empatado. Nos segundos finais, conseguiu, do meio da quadra, acertar uma cesta de três pontos, vencendo a partida de virada, no último lance. Descreveu que, ao fazer o arremesso, teve a certeza de que ia conseguir o ponto. Imbuído dessa segurança, dosou a força com precisão, no momento exato, e viu a bola partindo numa trajetória perfeita, como se estivesse em câmera lenta, indo direto para a cesta, sem tocar no aro.

Na praia dos Anjos, em Arraial do Cabo, adorávamos caminhar até o final da enseada. O objetivo era passar embaixo do antigo píer, aonde outrora chegavam os sinistros baleeiros trazendo os corpos sem vida das baleias para serem processados e transformados em produtos. Esses majestosos cetáceos foram praticamente extintos para a extração de óleos usados como combustível de lamparinas na iluminação pública das cidades, antes da luz elétrica chegar.

A brutalidade dessa prática, hoje proibida no Brasil, era exposta com o movimento das marés mais agitadas, que revolviam o fundo, revelando costelas e vértebras imensas enterradas nas areias brancas.

Meu pai dizia que as baleias são mamíferos, iguais à gente. Nascem das profundezas e se alimentam sugando o leite com a boca, do peito da mãe, assim como fazemos. As baleias são entidades ancestrais, espíritos encarnados em corpos imensos, dizia ele. Preferiram deixar a superfície terrestre, onde se arrastavam, para o retorno à liberdade dos oceanos. Devíamos apenas escutar seu canto e aprender mais com sua leveza colossal, concluía.

Textos

Hélio Pellegrino despertava às 4h30 da manhã pontualmente, todos os dias. Acordava ansioso para colocar nas páginas em branco aquilo que havia desenvolvido durante o sono. Meu pai escrevia artigos com regularidade para diversos jornais importantes e tinha a responsabilidade de produzir bastante e diariamente. Gostava desse desafio e, em primeiríssima mão, às sete da matina, me ligava ou me chamava, se estivesse com ele, para mostrar o que tinha escrito.

Fazia questão de expor em detalhes tudo o que havia pensado. Primeiro, explicava qual era o assunto e os caminhos que tinha encontrado para expressar e desenvolver seu pensamento. Em seguida, lia o texto e perguntava a minha opinião. Isso foi muito importante para o meu desenvolvimento intelectual, já que me incentivava a refletir e a formar minha própria consciência crítica ao mesmo tempo.

Foi dessa maneira que vi nascer, nas manhãs das nossas prosas, os artigos reunidos no livro *A burrice do demônio*. Esse livro é fundamental para quem quer conhecer o pensamento do

Hélio Pellegrino. Assim como *Minérios domados* é a porta de entrada para a poesia dele.

Meu pai era extremamente cuidadoso com o que redigia e revisava com muita atenção cada detalhe. Reescrevia e corrigia o texto, focado na busca pela forma mais precisa de significar. Os amigos mais chegados o sacaneavam dizendo que ele sofria de "bibliofobia" e por isso não publicava seus escritos organizados em livros, como deveria.

Ainda hoje, de vez em quando, acordo sem mais nem porquê às sete horas da manhã. Sinto a falta que vem bater na minha porta e me pego esperando por um telefonema que não vem mais...

Equidade

Sempre brincava sozinho em casa, especialmente antes de completar a idade de ir para a escola. Meus irmãos, bem mais velhos, tinham outros interesses. Naquele dia, porém, alguém foi visitar meus pais e levou junto a sobrinha, que era da minha idade.

A princípio rolou uma certa timidez, mas rapidamente nos entendemos e começamos a interagir. Não demorou muito para nos sentirmos totalmente à vontade, e decidimos brincar de polícia e ladrão.

Sorteávamos quem ia ser um e quem ia ser o outro e começava uma contagem regressiva. O ladrão se escondia e o polícia ia atrás. Acontece que eu tinha acabado de ganhar uma arminha de mola, que imitava uma pistola e atirava uma haste de plastico com uma ventosa na ponta. Tanto sendo polícia como ladrão, eu queria mesmo era usar a pistolinha nova.

Era tiro para tudo o que era lado e, depois de um tempo, a brincadeira ficou mais divertida para mim do que para ela — que virou alvo. Meu pai sacou a situação e rapidamente foi no bazar Joia, que era do lado de casa, e comprou uma outra arminha de ventosa para minha parceira. Aí, sim, a brincadeira ficou mais divertida, e tive que ficar esperto, pois minha amiga era boa de mira e agora, em igualdade de condições, estava querendo revanche.

Já aconteceu a situação de irmos, eu e papai, comprar um presente numa loja de brinquedos e, se eu estivesse acompanhado de um amigo, meu pai comprava o mesmo presente para mim e para o amigo — que ficava encantado com a surpresa inesperada. Assim ele fazia e, desse modo, me ensinou a fazer.

Política

Meu pai sempre foi um ser político. A vida toda. E isso veio de longe. Desde os tempos de escola já participava dos grêmios estudantis e mostrava sua posição contrária a injustiças, preconceitos e opressões. Seguiu uma militância política engajada e consciente e quase foi eleito deputado federal em Belo Horizonte.

Vivendo num país controlado pela censura, pela repressão e pelo medo, enfrentou a ditadura militar e ajudou a fundar um partido de oposição. Em contrapartida à elitização da política pelas classes mais abonadas, queria um partido que viesse do povo, daqueles que trabalhavam arrancando o sustento do dia a dia, todo dia. Ele e mais um bando de pessoas notáveis conseguiram isso.

Para ele o importante era o debate: a dialética em busca de uma síntese produtiva. Queria mais razoabilidade, mais equidade de direitos, menos diferenças e mais similaridades entre os seres. Não aceitava um mundo tão injusto, violento e fundamentalmente hipócrita. O que ele queria, e o motivo pelo qual lutava, era uma vida mais tranquila, com menos repressão, mais democracia, mais afeto e respeito ao semelhante.

Assim pensava Hélio Pellegrino. Na última entrevista que deu antes de nos deixar, afirmou que no dia em que o partido que tinha ajudado a fundar virasse situação ele fundaria no dia seguinte um outro partido — de oposição. Mas, muito antes disso, já percebendo que o partido caminhava para uma burocracia enfadonha, resolveu organizar, dentro do recém-formado partido, o subversivo Clube Mario Pedrosa, que era um núcleo antiburocrático que reunia intelectuais e artistas para propor, criar e discutir ideias e soluções para esse Brasil imenso e tão rico de belezas.

Sua grande sabedoria foi entender a importância do diálogo — respeitando opiniões contrárias, enriquecendo as ideias e melhorando os laços entre as pessoas. Sempre foi um sujeito indignado, combativo, contrário ao conformismo, mas nunca foi de guerra. Sua política era de paz e amor, sem extremismos e fanatismos. Sonhava apenas com um mundo melhor para todo mundo. Não chegou a ver a democracia consolidada na nova Constituição de 1988 nem as eleições diretas no ano seguinte.

Tinha amigos de esquerda, de direita, de centro, religiosos, ateus e de todos os matizes. Dr. Hélio admirava mesmo era a inteligência e o talento das pessoas. Esses eram realmente os brilhos que o atraíam. Ele sabia reconhecer e era o primeiro a aplaudir de pé aqueles que brilhavam.

Hoje em dia, num mundo onde a mentira tenta reescrever a história e o diálogo inteligente cedeu lugar ao *freak show* político, só posso me lembrar da atualidade acachapante da sentença que meu pai escreveu: "A inteligência usada para o mal é pior que a burrice." A inteligência artificial está aí para provar isso.

A grande burrice do demônio, dizia Pellegrino, é não saber fazer rebrotar a vida. Depois de tudo destruído e calcinado, e finalmente vitorioso, será apenas o Senhor das Cinzas.

Véspera

Hoje em dia percebo que, naquela tarde, refiz exatamente o mesmo caminho que tinha percorrido na infância — do apartamento do Leblon para a casa dos meus pais. Tinha uns sete anos. Meu pai alugava um apartamento fora da nossa casa. Eu ia dormir lá sempre. Foi lá que fiquei preso do lado de fora e decidi regressar para casa caminhando sozinho de pijama de ursinho.

Estava refazendo exatamente o caminho inverso. Aquela rota tinha ficado impressa na minha bússola emocional. Segui reto pela rua Jardim Botânico, até a avenida Visconde de Albuquerque, a rua do canal do Leblon, e entrei à esquerda, na Venâncio Flores. Passei em frente ao Ed. Picos, onde ele morou. Parei o carro. Nessa época, ainda era possível encontrar vagas na rua, facilmente.

Na esquina da rua Venâncio Flores com a avenida Ataulfo de Paiva, existia uma clássica loja de sucos carioca, com arranjos de frutas elaborados que espalhavam um aroma perfumado e compunham o cenário típico. Saltei do carro e segui até lá a pé. Pedi um suco de manga, que era o favorito do meu pai.

Segui para a rua Canning, endereço da extinta Clínica Prontocor — um instituto do coração em Ipanema. Encontrei um espaço para estacionar o carro justamente em frente a um imenso luminoso com o símbolo do meu signo e a mensagem piscando: "Termas."

Papai gostava de parafrasear o amigo Carlos Drummond de Andrade e, quando me via falando ao telefone, emendava o bordão: "... e perdeste horas de semear, ao telefone..." Mas, de fato, era pura zoação — ele também adorava poder semear ao telefone e, ao mesmo tempo, estar conectado com as pessoas queridas.

Naquela manhã, ligou como fazia todos os dias e me disse que tinha sofrido um pequeno infarto. Explicou os fatos médicos da isquemia cardíaca, relembrando os tempos da faculdade de medicina. Afirmou que estava fora de risco, segundo o boletim dos últimos exames. Disse que pretendia não dizer nada a respeito, mas que mudou de ideia quando soube que os médicos recomendaram a internação na clínica por uma semana, para o acompanhamento do quadro cardíaco de perto, e repouso. Combinei de ir visitá-lo no fim da tarde. Esse havia sido o terceiro incidente cardíaco da vida dele.

Meu pai estava bonito, barba feita, cheiro de colônia Bozzano, a vasta cabeleira ajeitada com o pente de chifre de boi. Estava iluminado e pleno naquele dia. Perguntou sobre os meus sonhos, sobre os meus planos e me olhou com ternura.

Tomou o suco de manga com imensa satisfação, e engrenamos numa conversa gostosa e sem fim. Disse que ia começar a diminuir o ritmo de trabalho, a cuidar mais da saúde. Na despedida, colheu minha cabeça com as duas mãos e me deu um beijo na testa, como uma bênção.

Saí dali absolutamente tranquilo e desavisado. Tínhamos um encontro marcado para o dia seguinte.

Réquiem

Naquela noite, sonhei que estava voando e, no sonho, refazia, de novo, a mesma jornada da infância pelo ar. Via de cima o Jardim Botânico, com suas alamedas de palmeiras imperiais que, ao subirem tão alto no céu, acabavam encontrando a fúria dos raios e trovões. O canal do Leblon, que formatava o riacho selvagem que escorria das montanhas da Gávea para o encontro com o mar, surgiu adiante. Entrei à esquerda, na rua Venâncio Flores, pelas vias do céu, flutuando por cima do edifício Picos, da casa de sucos e seguindo reto até a praia. Lá do alto, percebi que as águas estavam tão transparentes que dava para ver os peixes, os seres marinhos e as baleias ancestrais nadando sobre o fundo de areia branca que ia do Leblon ao Arpoador.

Acordei com o barulho intrusivo do telefone tocando sem parar. Era tarde, 3h30 da madrugada, eu diria. Do outro lado da linha, o Otto Lara Resende me disse que a saúde do meu pai tinha piorado e que eu fosse para a clínica o mais rápido possível. Hélio Pellegrino já estava morto.

Naquele mesmo quarto da véspera, encontrei meu pai deitado na cama. Um lençol estendido da altura dos ombros até os pés cobria o corpo despido. Seu rosto estava sereno e trazia nas feições a insinuação perturbadora de um sorriso.

Fiquei ali do lado dele, em absoluto silêncio, e observei a morte de perto. Meu pensamento tecia um imenso cordel de memórias e saudades, que já se mostravam imensas. Perdia o Pai, mas também perdia um grande interlocutor, um parceiro de conversas e riquezas, um amigo sem igual.

Era difícil acreditar que ele nunca mais iria me telefonar bem cedo querendo dividir e saber a minha opinião sobre algo novo que tinha escrito ou pensado. De repente, chegou um vazio imenso, que a partida tão precoce deixou.

Fui eu quem o vestiu e o preparou, pela primeira e última vez, para a falta que me atravessa. Calcei as meias, coloquei a cueca e a calça sem o cinto para não apertar. Fechei a camisa branca de manga curta para a última jornada.

Foi diante daquele corpo, inerte e nu, que descobri meu próprio corpo, meu próprio pênis, minhas mãos, pernas, e aprendi ali a última e definitiva lição que os pais nos ensinam.

Impressão e Acabamento:
LIS GRÁFICA E EDITORA LTDA.